MIMESIS / CINEMA

n. 36

Andrea Parlangeli

DA TWIN PEAKS A TWIN PEAKS

Piccola guida pratica al mondo di David Lynch

MIMESIS

MIMESIS EDIZIONI (Milano – Udine)
www.mimesisedizioni.it
mimesis@mimesisedizioni.it

Collana: *Cinema*, n. 36
Isbn: 9788857530307
Issn: 2420-9570

Via Monfalcone, 17/19 – 20099
Sesto San Giovanni (MI)
Phone: +39 02 24861657 / 24416383
Fax: +39 02 89403935

INDICE

INTRODUZIONE

"Ci rivedremo tra 25 anni". Con questa promessa, nell'estate del 1991, Laura Palmer dava appuntamento all'agente Dale Cooper in un lontano futuro. Era l'ultima puntata della seconda stagione di *Twin Peaks*, e già in molti speravano in una terza stagione di lì a poco. Invece non fu così. Quella frase certamente colpì il pubblico, ma non c'erano motivi per prenderla troppo sul serio. Dopotutto era stata pronunciata da una specie di fantasma all'interno dello strano mondo della Loggia nera (la Black Lodge), nel quale il tempo non scorre in maniera lineare e si verificano stranezze di ogni tipo, a partire dalla presenza di nani, giganti, esseri demoniaci come il malvagio Bob. E invece no, Laura Palmer andava presa alla lettera. Perché adesso, un quarto di secolo dopo la sua profezia, con un colpo di teatro David Lynch è tornato a dirigere la terza stagione della serie tv. Ma quanti ricordano ancora che cosa era successo nella prima e nella seconda stagione? Che fine avevano fatto Ronette Pulaski, Windom Earle, il Maggiore Briggs e tanti altri, per non parlare dell'agente Cooper e della stessa Laura? Quale occasione migliore di questa per rispolverare le vicende di *Twin Peaks*? È quello che si propone questo libro, allargando lo sguardo a tutta la produzione del regista, che è straordinariamente ancora attuale e continua ad affascinare soprattutto i giovani. Ma che a volte risulta misteriosa, perfino astrusa e difficile da capire.

Rinchiudere Lynch all'interno di schemi, teorie o descrizioni, d'altra parte, è un'impresa inutile se non impossibile. Come è stato detto, i suoi film devono essere "sentiti" più che "capiti", tanto più che il regista stesso pone il mistero al centro del suo mondo e si esprime con un linguaggio di suoni, immagini ed emozioni che non sempre si può tradurre in parole. E là dove le parole non arrivano la fantasia si arrovella, costruisce, connette. Forse è per questo che i suoi film hanno un tale potere ipnotico; perché ci fanno arrovellare.

Non tutto si può spiegare, dunque. Ma qualcosa sì, si può dire. Ed è proprio questo "qualcosa" che ci permette una via d'accesso a film apparentemente impenetrabili come *Eraserhead* o *Inland Empire*, il primo e l'ultimo nella carriera del cineasta. E sempre questo "qualcosa" ci aiuta ad apprezzare meglio film più tradizionali come *The Elephant Man* e *Velluto blu*, per non parlare di *Twin Peaks* e di film più complessi come *Mulholland Drive*. Spiegare, comunque, non è l'obiettivo di questo libro: più importante è fornire chiavi di lettura, osservazioni, collegamenti che costituiscano un arricchimento e permettano, si spera, di cogliere qualcosa in più.

Su Lynch sono stati scritti molti libri. Questo nasce dall'esigenza di fornire una guida pratica; ma anche da un'idea che forse finora non è stata messa abbastanza in evidenza. E cioè che, più che realizzare tanti film, nell'arco della sua produzione artistica David Lynch abbia composto un'unica grande opera, includendo esperienze della sua vita personale, elementi tratti dai suoi film preferiti e rimuginando su idee ricorrenti, affinandole, arricchendole. La sua produzione è olistica, totalizzante. Ogni film è come la punta di un iceberg. Per capire e apprezzare al meglio il regista è necessario vedere tutta la sua produzione, e anche i suoi film preferiti. Bisogna entrare nel suo mondo. Qui si cerca di spiegare perché, di offrire qualche porta di accesso e di fornire un riferimento per orientarsi.

CAPITOLO 1.
PERCHÉ CI PIACE

Il mio primo approccio cinematografico a David Lynch è stato un piccolo trauma. Era il 2007, vivevo a Milano, e andai con un'amica al Cinema Mexico per vedere *Inland Empire*. Mi ci portò lei. "Conosci David Lynch, vero?". E io, "Sì, certo". Avevo già visto qualche film, di certo *The Elephant Man* e *The Straight Story*, e mi erano piaciuti molto. Insomma, pensavo di sapere a che cosa andavo incontro. In realtà non lo sapevo affatto. Così mi sedetti affianco a lei e, per la prima volta nella mia vita, pur guardando il film con la massima concentrazione e buona disposizione d'animo, non ci capii nulla. Rimasi totalmente spiazzato. Non sapevo che dire. Notavo che lei seguiva con attenzione. Ma quando venne la pausa, inevitabilmente un velo d'imbarazzo calò su di noi. Lei non parlava. Provai allora a sciogliere il ghiaccio io, in maniera forse non troppo brillante: "Ti piace?". "Sì". "Io... non saprei. Non ci sto capendo niente". E lei: "Ma è David Lynch!". "Mi puoi spiegare qualcosa per aiutarmi a capire?". "Non si può spiegare... è David Lynch". "Qualcosa si potrà pur dire". Silenzio. Poi ancora lei: "Ma non mi avevi detto che conoscevi David Lynch?".

No, non lo conoscevo affatto. Ma non era quello il punto. Perché sono sicuro che nemmeno lei ci capì molto, anche se poi non se ne parlò più e non posso saperlo. Fatto sta che da allora mi impuntai. C'era *qualcosa*, in quel film, che mi attraeva. Ma non riuscivo a capire che cosa fosse, non riuscivo a mettere a fuoco il senso di quella sequenza di immagini e suoni che sembrava sfuggire a ogni logica. Appena rientrato a casa, andai a cercare una risposta in Internet. "David Lynch", "Inland Empire", "trama": un mare di pagine web. Ho cominciato a sfogliarle, a una a una. Ma c'erano solo le notizie delle prime proiezioni e commenti critici in generale generosi, ma senza che se ne capisse davvero il motivo. A leggere gli articoli, sembrava che il senso, il significato, il motivo stesso di valore del film (lasciamo perdere la trama) fosse ovvio, scontato, qualcosa di cui è inutile parlare. E non si trovava molto di più della solita benevolenza di fronte al maestro riconosciuto. Qualunque fosse la spiegazione, Internet non fu d'aiuto.

In quel periodo facevo parte di un gruppetto di amici che si incontravano per guardare insieme vecchi film d'autore e scambiare opinioni e punti di vista. Accettarono di buon grado di vedere *Inland Empire,* poi passammo a *Mulholland Drive.* Era un terreno difficile, ma qualche idea cominciò a farsi avanti. Il salto di qualità lo facemmo quando uno di noi si presentò con la collezione completa di *Twin Peaks,* che divorammo sempre discutendo su legami, riferimenti e significati. Cominciammo a chiamarci Black Lodge, dal nome del misterioso regno dell'aldilà che nella serie tv, come un mondo parallelo e dannato, si cela tra i paesaggi bucolici di Twin Peaks. Fu una bella avventura. E da lì cominciò un percorso che mi ha portato, anche dopo che la Black Lodge di fatto si è sciolta, a vedere tutti i film del nostro, e poi a risalire a quelli che erano considerati i suoi preferiti, annotando di volta in volta le mie impressioni.

A questo punto devo fare una precisazione. David Lynch non è il mio regista preferito. Mi piace molto di più Stanley Kubrick, per esempio. E ci sono alcuni film di altri registi che, se ha senso fare un paragone, mi piacciono più di uno qualsiasi dei singoli film di Lynch. Eppure, per dirne una, non mi sognerei mai di scrivere un libro su Stanley Kubrick. Per Kubrick parlano i suoi film, per quel che mi riguarda. Li ho visti tutti più volte e li adoro. Perché, allora, scrivere un libro su Lynch? Semplificando, risponderei così: non sono tanto i suoi *singoli* film a interessarmi, quanto l'opera completa, le relazioni tra un film e l'altro, più quelle con la vita reale e con altri grandi film della storia del cinema. In poche parole, il suo universo cinematografico.

Un viaggio nel mondo di Lynch richiede un certo sforzo, ma è un'esperienza gratificante. Perché, dopo averlo compiuto, ogni volta che si torna a vedere un suo film si entra in sintonia con l'intera opera. Si scoprono dettagli, idee, relazioni interne o con altri film della storia del cinema. Insomma, la visione come d'incanto si amplifica e si arricchisce di contenuti. Non dico che Lynch abbia ottenuto questo risultato di proposito, pianificando e costruendo pezzo dopo pezzo la sua produzione. Né, tanto meno, che abbia riproposto sempre la stessa storia. Certamente non è così, probabilmente non ci ha neppure pensato. Eppure, in qualche modo, lo ha fatto. Questo mondo appare infatti così ricco e complesso, ma fondamentalmente *coerente* e *convincente* nonostante le sue astrusità più estreme, perché è in sostanza il mondo interiore del regista, con tutte le sue bassezze, le sue oscenità, indicibilità, sconcezze, i suoi fantasmi interiori, i traumi, le rimozioni, i deliri, le allucinazioni, i ricordi, le suggestioni che aspirano sempre al divino e che il regista non si fa scrupoli a raccontare. Non ci sono censure, non ci sono tabù, se non quelli fisiologici e involontari della mente "che cancella", della rimozione legata a un trauma o a un abuso.

Un avviso. Se per caso fate parte di quella categoria di persone che non vuole sapere in anticipo come finirà un film, oppure che non va mai a rivedere un film che ha già visto, questo libro non fa per voi. Rivedere un film è come rileggere un libro o riascoltare una canzone, un concerto, un'opera che ci appassiona: si torna in un mondo nel quale fa piacere immergersi. Spesso è necessario per cogliere alcuni aspetti e dettagli che a una prima visione possono essere sfuggiti. E i film di Lynch hanno una caratteristica: ogni volta che li si rivede, si scopre qualcosa di nuovo. Per di più, sarebbe impossibile parlarne senza rivelare aspetti essenziali della trama, se non addirittura senza muoversi all'interno della storia. Siete avvisati, dunque, questo libro è pieno zeppo di spoiler.

Che cosa vuol dire "lynchiano". Questa è una parola che, inevitabilmente, ricorrerà spesso in queste pagine, così come ricorre nel vocabolario informale degli appassionati. Ma come si può definire? Lo scrittore David Foster Wallace ha scritto che, come "postmoderno" e "pornografico", "lynchiano" è una di quelle parole "che si possono definire solo ostensivamente, cioè lo capiamo quando lo vediamo". Insomma, bisogna vedere i suoi film per dare un senso alla parola.

Perché ci piace. Perché è originale, espressivo, geniale nella scelta dei suoni, delle inquadrature, delle atmosfere. Ma anche per la profondità psicologica dei suoi personaggi e per la tecnica narrativa che usa, basata – più che sulla logica – sull'associazione di idee, sui simboli, sul subconscio. "David Lynch ha una comprensione intuitiva della psicologia umana che è di livello geniale", ha dichiarato il presidente dell'Associazione psichiatri di Seattle, dopo aver visto *Velluto blu*, come racconta Greg Olson nel suo libro *David Lynch: Beautiful Dark* (2008). Come vedremo, infatti, in questo film sono affrontate le dinamiche relative al complesso di Edipo, il passaggio all'età adulta e il sado-masochismo. In *Twin Peaks*, invece, si toccano le scabrose tematiche dell'abuso sessuale e dell'incesto, con relative rimozioni, dissociazioni, sensi di colpa. Per non parlare dei sogni, dei deliri e delle "fughe psicogene" per mezzo delle quali i protagonisti cercano di reinventarsi nel proprio subconscio un'altra vita, un'altra identità.

Un'altra caratteristica lynchiana è il tipo di narrazione, che è tipicamente "lacunosa", ambigua, allusiva, con molti spazi lasciati vuoti in modo tale che lo spettatore possa riempirli con la fantasia, nel suo tentativo inevitabile di dare un senso a quanto vede. È questo il motivo per cui i film di Lynch si aprono a tante interpretazioni diverse. Ed è anche il motivo per cui ad alcuni spettatori possono dare fastidio. La nostra mente, infatti, per sua indole cerca sempre una linea narrativa, una lettura, un ordine vero o presunto nel caos del mondo che ci circonda.

Spazio, tempo e teosofia. Illuminazioni interiori, apparizioni demoniache o paradisiache, personaggi dotati di poteri magici, telepatia, preveggenza e tanto altro ancora: un elemento che abbonda nei film di Lynch è il sovrannaturale, che tuttavia il regista di solito affronta in termini simbolici e astratti – mai banali, né eccessivamente espliciti o verbalizzati –, e quindi universali e condivisibili da ogni genere di spettatori. Con una sola eccezione: *Twin Peaks*, in cui – soprattutto nella seconda stagione – la sfera ultraterrena che gravita attorno al mondo della Loggia nera si è espansa oltre misura arricchendosi di petroglifi, descrizioni dettagliate e a volte contraddittorie, riferimenti ad avvistamenti di Ufo, segreti militari, leggende indiane e buddismo tibetano. Troppo. D'altra parte non bisogna dimenticare che, come vedremo, a un certo punto a Lynch è sfuggito il controllo della serie. E che anche il co-ideatore Mark Frost, appassionato di teosofia, non ha potuto fare a meno di aggiungere le sue idee. Chi fosse interessato a questi aspetti, può fare riferimento al libro di Roberto Manzocco, *David Lynch e la filosofia* (Mimesis).

Riguardo alla visione ultraterrena di Lynch, c'è da dire ancora una cosa. Spesso nei film del regista è sottintesa una concezione del mondo di tipo magico, tipica dello sciamanesimo, simile a quella che potevano avere i nostri antenati in epoca preistorica o le popolazioni che definiamo "primitive". Una concezione in cui il mondo materiale è pervaso da quello spirituale, senza che tra i due vi sia una netta separazione. Basti pensare, in *Twin Peaks*, al fuoco, al vento, all'elettricità, al ceppo della Signora del ceppo, alla sensibilità – negata agli umani – che hanno gli animali nel percepire l'arrivo o la presenza di forze oscure. Questo tipo di visione, di relazione tra noi e il mondo, può essere paragonata a quel che avviene nella nostra infanzia. Cioè l'epoca della vita in cui il mondo attorno a noi sfugge alla nostra totale comprensione e controllo, per cui gli eventi sembrano talvolta verificarsi in virtù di logiche nascoste e gli adulti possono apparire come esseri dotati di forze e poteri magici propri del mondo delle fiabe. Da bambini, ci sentiamo come nani tra i giganti, per usare una metafora che subito ci riporta alla Black Lodge, in un mondo di cui non afferriamo appieno le regole. Non solo. Le emozioni, le suggestioni, le vicende che viviamo nella nostra infanzia non svaniscono nel nulla quando diventiamo adulti; ma lasciano una traccia dentro di noi, nel nostro subconscio. Per questo i film di Lynch hanno un tale potere sugli spettatori: essendo popolati da personaggi archetipici e "irreali" – nani, giganti, mostri, streghe, angeli – risvegliano il subconscio e l'antica memoria rimossa della nostra infanzia.

Che cosa vuole Lynch da noi. Sempre nel suo saggio del 1995, David Foster Wallace fa un'osservazione interessante. Dice che, in genere, tra regista e spettatore si instaura un tacito accordo. "Il cinema d'autore è essenzialmente teleologico", sostiene Foster Wallace: "cerca in vari modi di risvegliare il pubblico, o di renderci più consapevoli". Per quello che riguarda il cinema commerciale, invece, "l'obiettivo è divertire, il che di solito significa rendere una serie di illusioni che permettono allo spettatore di immaginare di essere qualcun altro, e che la vita sia in qualche modo più bella, più significativa, più interessante [...]". David Lynch, invece, si pone al di fuori di questi schemi. "Quasi mai in un film di Lynch hai la sensazione che lo scopo sia di divertirti, e mai che sia di spillarti soldi per vederlo. Questa è una delle cose inquietanti dei film di Lynch: non ti sembra di stipulare uno dei taciti/inconsapevoli accordi che in genere stipuli con altri tipi di film". In questo modo, suggerisce lo scrittore, noi spettatori siamo portati ad abbassare le difese psicologiche che, normalmente, ci consentono di tenere una certa distanza da quello che vediamo; con il risultato che i film di Lynch ci penetrano nel cervello. A questa osservazione se ne può aggiungere un'altra. David Lynch non segue le regole del cinema, perché non nasce come regista ma come artista. A lui non interessa tanto attirare la gente al botteghino, né tantomeno stipulare impliciti accordi con chicchessia. L'unica cosa che gli interessa davvero è trascinare gli spettatori nel suo mondo interiore, così come fanno gli artisti.

Colonne sonore. Un discorso a parte merita la musica. Le colonne sonore di Lynch sono straordinarie, sia per gli effetti speciali, sia per le melodie e in genere il *mood*, cioè il clima, che il regista sa dare. "Il sonoro è molto importante perché è davvero metà del film", ha dichiarato lui stesso in un'intervista per *Positif* nel 1990. "[...] Finché il sonoro non è a posto non hai ancora visto davvero il tuo film. Ma quando ci arrivi iniziano ad accadere cose magiche". Da questo punto di vista Lynch si è evoluto nel corso della sua carriera. Nei primi film – *The Grandmother* ed *Eraserhead* – il suo interesse era concentrato sugli effetti sonori, che poté sviluppare grazie al contributo di Alan Splet. Poi, con *Velluto blu*, sono arrivate le canzoni e la musica popolare. Poi ancora, quando ha incontrato il compositore Angelo Badalamenti, Lynch ha fatto un salto di qualità con la realizzazione di temi costruiti su misura. E ha preso infine un ruolo sempre più attivo nella composizione stessa: anche come musicista, più ancora forse che come pittore e fotografo, Lynch ha dimostrato di saperci fare.

Nel documentario *Creating Twin Peaks: Secrets from Another Place*, Angelo Badalamenti racconta come è nato il tema (*Love theme*) di *Twin Peaks*. Lynch gli descriveva la scena da musicare:

"Siamo in una foresta buia, c'è un vento tenue che soffia tra i sicomori. C'è la luna, e si sentono gli animali, ecco un gufo, e sei in un bosco. Fammi entrare nel bosco". Badalamenti, nel documentario, fa sentire il tema. Ma a questo punto accade qualcosa: "Da dietro gli alberi – continua Lynch –, nel bosco, c'è una ragazza solitaria, Laura Palmer. È molto triste". Il tema cambia. "È bello – dice Lynch a Badalamenti –, posso vederla, sta camminando verso di noi, si avvicina. Ecco, è vicina. È un climax. Ecco, è perfetto, è così bello, continua così. Ora se ne va, comincia a cadere... a cadere... a cadere... torna nel bosco tenebroso. Ecco, questo è *Twin Peaks*".

CAPITOLO 2. NEL MONDO DEL CINEMA

Molte idee di Lynch hanno origine, com'è naturale, nel mondo del cinema. Per questo è interessante passare in rassegna i film che il regista stesso ha annoverato tra i suoi preferiti. Bisogna chiarire che a Lynch non interessa fare citazioni a questo o a quel regista, né tanto meno copiare le idee altrui. Quello che ha sempre fatto, piuttosto, è giocare con le idee, farsi sedurre da loro, accoglierle nel suo mondo dopo averle elaborate a modo suo. I nessi, i richiami e le "geometrie" con il mondo del cinema non mancano. A cominciare dai surrealisti.

Simboli e subconscio. In un documentario dell'emittente britannica Bbc sul cinema surrealista, da lui stesso condotto nel 1987, Lynch presentò una selezione che includeva: *Entr'acte*, di René Clair, *Emak Bakia* di Man Ray, *The Girl with a Prefabricated Heart* di Fernand Léger, *Ghosts Before Breakfast* di Hans Richter, *The Man with the Movie Camera* di Dziga Vertov, *Discs* di Marcel Duchamp, *The Blood of a Poet* di Jean Cocteau, *Desire* di Max Ernst. Tra le assenze, spicca *Un Chien Andalou* di Luis Buñuel e Salvador Dalí.

Questi film sono pieni di elementi e simboli che usa anche Lynch, soprattutto per creare un mood, il livello subliminale delle sue storie. Per esempio pistole, presenze invisibili, l'acqua che esce da un tubo per l'irrigazione (come in *Ghosts Before Breakfast* e in *Velluto blu*), pezzi di manichini (come in *The Girl with a Prefabricated Heart* e i corpi sezionati di Maddy Ferguson in *Twin Peaks* e di Renee in *Strade perdute*). In molti appare l'idea del tempo che scorre al contrario (*Emak Bakia, Ghosts Before Breakfast*), come nella scena della capanna che brucia al contrario nel tempo in *Strade perdute*. In *The Blood of a Poet* c'è una maschera che gira mostrando anche l'interno, dunque due facce, e così facendo richiama l'idea di dualità tipica di tutti i film di Lynch, ma anche quella di maschera (come quella con cui Audrey Horne si nasconde dal padre e quelle di alcuni personaggi del mondo ultraterreno di Twin Peaks). Nel documentario della Bbc, David Lynch ha detto: "Se il surrealismo è il subconscio che parla, allora penso di identificarmi con esso, e posso dire di essere in qualche modo surrealista. Penso che i film dovrebbero avere una storia in superficie, ma sotto dovrebbero accadere cose che sono astratte, che risuonano in aree che le parole non possono aiutare a trovare, perché sono aree del subconscio".

Un'artista molto vicina ai surrealisti, e a David Lynch, è Maya Deren, una pioniera del cinema d'avanguardia negli anni '40 e '50. Tra le sue opere c'è il cortometraggio *Meshes of the Afternoon* (1943), in cui una donna rivive più volte, come in un sogno, il suo ingresso in casa. A ogni ricorrenza sono messi in evidenza alcuni oggetti, che in tal modo si caricano di significato, tra cui un fiore, una chiave, un grammofono, un telefono e un coltello con il quale, alla fine, risulterà che la donna si à suicidata. Le analogie, soprattutto con *Mulholland Drive*, sono forti. Infatti il video si basa su una serie di vicende oniriche, parallele, che ruotano attorno a un suicidio e a una misteriosa chiave. E non finisce qui. Alcuni oggetti-simbolo messi in evidenza dalla Deren compaiono anche in altri film di Lynch: il telefono in *Twin Peaks*, *Cuore selvaggio* e *Strade perdute*; il grammofono in *Eraserhead* (nella stanza del protagonista Henry Spencer), in *Twin Peaks* (quando Bob entra in azione nei panni di Leland Palmer) e all'inizio di *Inland Empire*.

Influenze espressioniste. David Foster Wallace ha scritto: "Dal momento che Lynch ha studiato come pittore (da espressionista astratto, per la precisione), sembra strano che nessun critico abbia mai trattato del palese rapporto tra i suoi film con la tradizione classica del cinema espressionista di Wiene, Kobe, del primo Lang, ecc. E sto parlando della più semplice e diretta definizione di espressionismo, vale a dire *l'uso di oggetti e personaggi non come rappresentazione ma come mezzi di trasmissione per le impressioni e gli stati d'animo personali del regista*" (il corsivo è suo). Di certo quest'ultima definizione caratterizza fortemente il cinema di Lynch.

La favola del *Mago di Oz*. Questo film di Victor Fleming del 1939, basato su un romanzo precedente, è dichiaratamente il preferito di David Lynch e anche quello che più di ogni altro lo ha influenzato. È stato detto che Lynch guarda il mondo con gli occhi di un bambino, a volte perfino in modo infantile, e l'insistenza con cui il regista fa riferimento a questo film sembra confermarlo. Di certo, come vedremo, il *Mago di Oz* ispirerà alcuni aspetti essenziali di *Cuore selvaggio* e *Mulholland Drive*. Le idee principali che hanno ispirato Lynch sono due: 1) la fiaba, con le sue metafore e le difficoltà da superare per ottenere il premio finale; 2) il fatto che la storia sia basata su un sogno della protagonista, costruito rielaborando elementi presenti nella realtà.

Il pianeta proibito. Quest'opera straordinaria del 1956 di Fred McLeod Wilcox è molto lynchiana, perché mette in evidenza l'importanza della mente umana, e soprattutto del subconscio, al cuore di ogni sviluppo tecnologico per quanto avanzato. Un po' come in *Dune*, la minaccia viene da una "oscura forza planetaria". Ma, come si potrebbe dire per tanti film di Lynch, la forza distruttiva è quella del "demone segreto di ogni anima del pianeta libero di saccheggiare". "Io non sono un mostro!", esclama a un certo punto lo sbigottito Dr Morbius, quando si rende conto di essere lui l'inconsapevole artefice della rovina del pianeta, usando più o meno le stesse parole di Merrick in *The Elephant Man* ("Non sono un animale!"). Ma, purtroppo, la risposta del comandante Adams è: "Siamo tutti un po' mostri nel nostro subconscio".

Werner Herzog. Il regista tedesco è uno dei preferiti di Lynch. Ecco, tra la sua enorme produzione, alcuni titoli più interessanti dal nostro punto di vista.

• *Anche i nani hanno cominciato da piccoli* (1970), in cui è in primo piano il tema del deforme.

• *L'enigma di Kaspar Hauser* (1974), cioè la storia vera di un personaggio dell'Ottocento cresciuto senza contatti umani e quindi inizialmente incapace di parlare o quasi. Per l'interesse della scienza nei suoi confronti, per il fatto di essere usato come un fenomeno da baraccone (anche lui finisce in un circo) e per la sensibilità del protagonista, ricorda *The Elephant Man*. Ma nel film di Herzog la presunta deformità è mentale, anche se in diverse circostanze il protagonista sembra più saggio dei suoi interlocutori. Infatti la storia si conclude in modo tristemente ironico, con il cancelliere (Clemens Scheitz) basso e deforme che trionfalmente afferma: "Oggi è una giornata che non dimenticheremo [...] un magnifico processo [...] metterò per iscritto sul verbale che hanno trovato delle malformazioni su Kaspar Houser. Finalmente per questa stranissima persona abbiamo trovato la giusta spiegazione come non se ne possono trovare di migliori".

• *La Ballata di Stroszek* (1977). Film lynchiano nelle atmosfere e nelle dinamiche, racconta la storia struggente di un timido musicista di strada che vive l'illusione di un amore impossibile, ma non riesce a guadagnare abbastanza da garantire un futuro per sé e per la sua compagna. Dopo averla persa, sconfitto dai debiti e dalla vita, il poveretto si suicida.

La lezione di Bergman. Il cinema di Ingmar Bergman tocca spesso corde che risuonano fortemente in quello di Lynch. Nel *Silenzio*, per esempio, compaiono i temi dei gesti (*Fuoco cammina con me*), dei nani (*Twin Peaks*), del "doppio" (*Twin Peaks*, *Strade perdute* e *Mulholland Drive*), del sesso come forza distruttiva (*Fuoco cammina con me*). Le assonanze tra i due registi si notano, però, soprattutto in due pellicole: *Persona* e *L'Ora del lupo*.

Cominciamo da *Persona*. Questo straordinario film è senza dubbio uno dei più sperimentali, enigmatici e affascinanti del regista svedese; per conto mio, è quello che ho rivisto più volte. Come in *Strade perdute* e *Mulholland Drive*, il tema centrale è quello della dualità. Il film, infatti, ruota intorno al confronto tra le due protagoniste, una bruna e una bionda, e cioè rispettivamente la paziente Elisabet (un'attrice che di punto in bianco ha smesso, per scelta, di parlare) e l'infermiera Alma (che l'ha in cura). Una dualità che prende anche la forma del contrasto tra luce e tenebre, silenzio e parola, fantasia e realtà. La cosa più sconvolgente del film è che, a un certo punto, le identità e i nomi delle protagoniste si mischiano. "Si può essere due persone?", si chiede Alma, toccando in questo modo uno dei temi di *Strade perdute* e *Mulholland Drive*. Per di più, il momento in cui, in *Persona*, avviene lo scambio di identità, Alma muove la testa a destra e a sinistra velocemente in un modo simile a come fa Fred in *Strade perdute* e la madre di John Merrick in *The Elephant Man*. Con un risultato che visivamente ricorda alcuni ritratti di Francis Bacon.

Ma le analogie con Lynch non finiscono qui. Oltre ai temi della dualità e dell'identità, il film tocca anche quelli della maternità, del tradimento, dell'aborto, del senso di colpa legato alla responsabilità per le proprie azioni. E lo fa in modo analogo a Lynch, soprattutto in *Eraserhead* e *Inland Empire*. "Lasciami stare, sono gelida, corrotta, insensibile, in me non trovi che menzogna e inganno", dice in uno sfogo Alma (nei panni di Elisabet) al suo amante, colpevolizzandosi in modo simile a come fa Laura Palmer nei confronti soprattutto di James in *Fuoco cammina con me*. Altre analogie con Lynch: i gesti, la foto lacerata (come quella della ragazza di Henry in *Eraserhead*), il sangue che esce dal naso (come in *Eraserhead, Fuoco cammina con me* e *Strade perdute*), il sogno, le tende. A proposito di queste ultime, un'osservazione: c'è una scena in cui la protagonista si muove attraverso una tenda. Sembra un passaggio tra mondo interiore ed esteriore. Ricorda, insomma, la Stanza rossa di *Twin Peaks*, gli spostamenti di Fred in *Strade perdute* e alcune scene di *Inland Empire*.

Se in *Persona* i temi centrali sono l'identità e la dualità, nell'*Ora del lupo* il nucleo è la frammentazione della personalità. Si parla infatti di allucinazioni, delirio, schizofrenia, e dei loro riflessi in un rapporto di coppia. All'inizio del film, c'è il fantasma di un'anziana signora che suggerisce ad Alma, la compagna del protagonista, di leggere il diario del marito. Questa presenza sovrannaturale, per il ruolo che ha nel film, si può accostare la vicina preveggente che va a trovare Laura Dern all'inizio di *Inland Empire*. E alle allucinazioni multiple del personaggio di Bergman corrispondono quelle di Susan nel film di Lynch, per esempio quando viene inscenato il ballo del Loco-Motion. Ma c'è una scena del film di Bergman che ha richiami ancora maggiori con il cinema di Lynch. È la scena centrale dell'*Ora del lupo*, quando, all'alba, il protagonista Johan accende un fiammifero dietro l'altro per restare sveglio e non cadere in preda ai fantasmi. Ponendone uno tra lui e la moglie, dice: "Questa è l'ora peggiore, [...] l'ora del lupo. È l'ora in cui molta gente muore, e molti bambini nascono. E quando gli incubi ci assalgono. E se restiamo svegli"... "Abbiamo paura", risponde Alma.

"Sì, paura". Questa scena richiama alla mente Leland Palmer in *Twin Peaks*, quando racconta come Bob lo adescasse da bambino lanciandogli addosso cerini accesi. Ma ricorda anche una scena centrale di *Inland Empire:* il momento in cui una nera, per strada, aiuta Sue a morire facendole vedere un fiammifero acceso.

Mondi immaginari. A David Lynch piacciono i film che rappresentano mondi immaginari nei quali immergersi. A cominciare da *Sunset Boulevard* (1950), di Billy Wilder, uno dei suoi preferiti: "La Hollywood che descrive non è mai esistita", ha detto Lynch, "ma Wilder ci fa credere di sì e ci fa immergere in essa, come in un sogno". *Sunset Boulevard,* come *Mulholland Drive* e *Inland Empire,* è anche una riflessione su Hollywood, sulla recitazione, sulle difficoltà per la protagonista di distinguere tra vita reale e cinema, di uscire dal suo sogno.

Tra le commedie, le preferite di David Lynch sono *It's a Gift* (1934) di Norman Z. McLeod e due film di Jacques Tati: *Le vacanze di Monsieur Hulot* (1953) e *Mon Oncle* (1958). In quest'ultimo, in particolare, l'ambiente industriale, gli sbuffi, i vapori, le macchine e gli effetti sonori sono presumibilmente serviti da ispirazione per *Eraserhead, Dune* e altri film.

Di Hitchcock, Lynch ha sempre citato con ammirazione *Vertigo* (1958), un altro film in cui viene toccato il tema del "doppio" – la protagonista compare sia nelle spoglie della bionda Madeleine Elster sia in quelle della bruna Judy Barton –, e *La finestra sul cortile* (1954). Riguardo a quest'ultimo, lo stesso Lynch ha messo in evidenza l'abilità di Hitchcock nel ricreare un intero universo disponendo di parametri molto limitati: infatti il protagonista Jeffries osserva il mondo, e risolve il caso, senza mai spostarsi dalla sedia a rotelle alla quale è vincolato: "Grazie a un completo controllo della tecnica cinematografica, Hitchcock riesce a prendere qualcosa di enorme e condensarlo in uno spazio piccolo", ha commentato Lynch. Un po' come succede in *Eraserhead,* in gran parte ambientato nella camera del protagonista Henry. Ma le somiglianze più forti di questo capolavoro di Hitchcock sono con *Velluto blu.* A cominciare dall'idea del voyerismo, poi la torbida realtà nascosta dietro un personaggio apparentemente normale (l'assassino) e la morbosa curiosità che spinge il protagonista, che non è un detective, a improvvisarsi tale (anche i nomi dei protagonisti dei due film, rispettivamente Jeffries e Jeffrey, sono simili).

Per finire, Fellini. Del regista italiano Lynch adora *La Strada*, i *Vitelloni* e soprattutto *8½* (1963). "In questo film", ha detto, "Fellini riesce a ottenere quello che fanno principalmente i pittori astratti: comunicare emozioni senza dire, né mostrare, alcunché in maniera diretta, senza spiegare nulla, per una sorta di pura magia". Un atteggiamento molto simile a quello di Lynch negli ultimi tre film. Non solo. Anche in *8½*, come in *Velluto Blu*, compare il complesso di Edipo, quando Guido (Marcello Mastroianni) bacia la madre, che poi diventa la moglie. E l'intermezzo musicale della Saraghina è simile a tanti altri nei film di Lynch. Un'altra idea straordinaria è l'affermazione di Guido – l'*alter* ego di Fellini – a Claudia Cardinale: "Hai ragione tu, non c'è la parte nel film. Non c'è neanche il film. Non c'è da nessuna parte", dice il protagonista, quando tutti invece gli fanno pressione per sapere che cosa stia girando. È l'idea del *Club Silencio* in *Mulholland Drive*, dove il presentatore dichiara "No hay banda!".

Lynch ebbe modo di conoscere di persona Federico Fellini e di assistere alle riprese di *Intervista* (1987): la storia di una troupe di giornalisti giapponesi che intervistano il regista (interpretato da se stesso) mentre realizza un film in cui compaiono anche scene della sua infanzia. Più che di un'intervista si tratta di un documentario che alla fine coincide con il film stesso e che offre uno spaccato della vita di Cinecittà. Una situazione del genere, di "metacinema", in cui si vede e si scopre il film durante il suo svolgimento, si ritroverà in *Mulholland Drive* e soprattutto in *Inland Empire*.

I registi che si sono ispirati a lui. Ai nostri scopi interessano soprattutto i registi e i film che hanno influenzato David Lynch; ma ci sarebbe da scrivere un libro e mezzo sul fenomeno opposto, cioè l'influenza che ha avuto Lynch nel mondo del cinema. David Foster Wallace ha scritto: "Il cerotto sulla nuca di Marsellus Wallace in *Pulp Fiction* – inspiegato, visivamente incongruo, e mostrato in bell'evidenza in tre diverse situazioni – è Lynch allo stato puro. Così come i lunghi dialoghi consapevolmente banali sulla carne di maiale, i massaggi ai piedi, gli episodi pilota delle serie tv eccetera". Per non parlare delle *Iene*, e soprattutto della scena "in cui Michael Madsen, ballando a ritmo di uno stupidissimo pezzo anni '70, taglia un orecchio all'ostaggio": una citazione esplicita a *Velluto blu*. A tal proposito Foster Wallace fa una considerazione brillante: "A Quentin Tarantino interessa guardare uno a cui stanno tagliando l'orecchio, a David Lynch interessa l'orecchio".

Scene molto vicine al cinema di Tarantino, in Lynch, si trovano anche in *Cuore selvaggio*. Per esempio l'incidente in cui Sailor e Lula vedono una donna morire di fronte ai loro occhi; oppure la rapina splatter nel finale, quando la testa di Bobby Perù salta per un colpo di fucile e un cane se ne va via con una mano tra i denti. Tra gli altri film debitori a Lynch di idee, o quanto meno di uno stile, David Foster Wallace cita: *Qualcuno sta per morire* (1992) di Carl Franklin, *Blood Simple* (1984) e *Mr Hula Hoop* (1994) dei fratelli Coen, *Stranger than Paradise* (1984) di Jim Jarmusch.

Anche *Fargo* (1996), sempre dei fratelli Coen, è stato paragonato a *Twin Peaks*. Ma le somiglianze più forti con la famosa serie tv sono con *Carnivàle* (2003-2005), in cui tra l'altro recita Michael J. Anderson (il Nano, o The Man from Another Place, di *Twin Peaks*), e con *The Kingdom* (1994) / *Kingdom Hospital* (2004) del danese Lars von Trier, in cui sono toccati tra le altre cose i temi del fuoco, dell'elettricità, del deforme, del soprannaturale. Lars von Trier ammicca a Lynch anche in altre occasioni. Per esempio in *Antichrist* (2009), per gli aspetti occulti, quelli psicologici e per l'insistenza sulla deformità e sui dettagli repellenti. E in *Nymphomaniac* (2013), per almeno tre fattori: l'ambiente post-industriale in cui si svolge la vicenda (come in *Eraserhead*, con tanto di effetti sonori lynchiani), le musiche dei Rammstein come in *Strade perdute* e il racconto della protagonista Joe, costruito a partire dagli oggetti presenti nella stanza in cui si trova con Seligman, come in *Mulholland Drive* (dove il sogno di Diane è costruito a partire da elementi che la protagonista attinge dalla vita reale).

CAPITOLO 3.
VITA D'ARTISTA

David Lynch nacque il 20 gennaio 1946 a Missoula, nei pressi del confine con il Canada, in un territorio ricco di montagne e di boschi. È l'ambiente di *Twin Peaks*. Il padre lavorava come ricercatore del Dipartimento dell'Agricoltura degli Stati Uniti: faceva esperimenti sul legno e sugli insetti, avendo a disposizione intere foreste. La madre, invece, rimaneva di solito in casa. I suoi genitori erano la coppia ideale: "Non bevevano, non fumavano, non litigavano mai", ha raccontato Lynch. "E io volevo che fumassero, volevo che bevessero, volevo che discutessero. Volevo che qualcosa di strano accadesse nella mia vita". A causa del lavoro del padre, la famiglia era costretta a trasferirsi in continuazione. Dopo solo due mesi dalla nascita di David, i Lynch si trasferirono a Sandpoint, nell'Idaho, sempre nel Nord Ovest degli Stati Uniti, dove rimasero per due anni. Andarono poi a Spokane, a Boise e infine in Virgina. Di Spokane, Lynch ha detto: "Era un mondo di sogno, con ronzanti aeroplani, cieli blu, steccati, erba verde, ciliegi. La *Middle America* che ti aspetti. Ma poi sui ciliegi c'era una resina, un po' nera e un po' gialla, che trasudava, e c'erano milioni e milioni di formiche rosse ovunque [...]. Quindi c'era questo mondo meraviglioso, e se guardavi più da vicino erano tutte formiche rosse". È il mondo di *Velluto blu*.

Della sua infanzia e adolescenza non c'è molto altro da dire, se non che era di formazione presbiteriana, frequentava gli scout (e in qualità di Eagle Scout gli capitò di partecipare alla cerimonia di investitura del presidente John F. Kennedy), adorava Elvis Presley (citato soprattutto in *Cuore selvaggio*) e Marilyn Monroe (citata con i Kennedy in *Twin Peaks*). Il suo

Agorafobia

David Lynch, da piccolo, soffriva di agorafobia, uno stato di ansia o perfino di panico che colpisce alcune persone quando escono da un determinato confine. Come ha ammesso lo stesso regista, questo disturbo è dovuto a una forte insicurezza. E, in alcuni periodi della sua vita, l'ha portato a indossare tre cravatte. In un'altra occasione, il regista ha detto che si sentiva a disagio ad avere l'ultimo bottone della camicia sbottonato: lo faceva sentire vulnerabile. La stretta della camicia abbottonata intorno al collo, invece, gli dava un maggior senso di sicurezza.

grande amico della giovinezza fu Jack Fisk, con il quale nel 1965 si recò in Austria. I due aspiranti artisti avevano l'intenzione di entrare in contatto con Oskar Kokoschka, di cui Lynch era grande ammiratore. Il piano era di rimanere per tre anni, invece restarono solo due settimane. Il viaggio fu infatti un disastro, a cominciare dal fatto che la scuola del pittore era chiusa per ferie, così i due furono costretti ad andare in giro senza meta e rimasero presto senza soldi: furono costretti a farseli mandare dall'America per poter rimpatriare. Alla fine Lynch fu contento di tornare a casa: l'Austria era per lui troppo pulita e sterile. Non vi trovava ispirazione.

Tutt'altro ambiente trovò invece a Filadelfia, dove si trasferì nel 1966 per frequentare la *Pennsylvania Academy of Fine Arts*. La città – con le sue industrie, il suo clima opprimente, la sua criminalità – lo segnò profondamente, tanto che molte delle esperienze che qui visse si ritrovano nei suoi film successivi, a cominciare da *Eraserhead*. Appena arrivato andò a vivere in una casa che si trovava a due passi da un obitorio (un'esperienza che gli sarebbe tornata utile sul set di *Twin Peaks*) e accanto a un fast food. Nella città Lynch si sentiva insicuro: assistette a un omicidio mentre camminava per strada e per due volte i ladri gli entrarono in casa, costringendolo in un'occasione a dormire sul divano con un fucile in mano. Ma qui si sposò ed ebbe la sua prima figlia, Jennifer. Sua moglie si chiamava Peggy Lentz, ed era pittrice anche lei. Quando venne il momento, Lynch rivolse ai medici la richiesta di assistere al parto, spinto dal desiderio di vedere come un essere umano viene alla luce: un'esperienza che ha descritto cinematograficamente in *The Grandmother* e in *Eraserhead* (Lynch è sempre stato affascinato dall'anatomia, tanto che in quel periodo arrivò a sezionare un gatto morto per vederne gli organi interni).

A Filadelfia, il futuro regista ebbe una prima intuizione che gli avrebbe cambiato la vita. Mentre dipingeva una figura su uno sfondo nero, avvertì uno spostamento d'aria, "come un alito di vento" e immaginò una pittura in movimento. Fu così che nacque la composizione: *Six Figures Getting Sick*, il suo primo cortometraggio, che veniva proiettato a ciclo continuo su tre calchi della testa dell'artista. Nel 1968, con l'aiuto della moglie, Lynch realizzò *The Alphabet*. E nel 1978 arrivò il primo mediometraggio, di 34 minuti, *The Grandmother*.

Il passo successivo fu a Los Angeles, dove Lynch arrivò nel 1971 per frequentare i corsi dell'American Film Institute. Ottenne un finanziamento di 10 mila dollari per lavorare a un altro mediometraggio, *Eraserhead*, che originariamente doveva durare 41 minuti. Ma il progetto crebbe a dismisura e nel giro di un anno si esaurì il budget a disposizione. La lavorazione procedette a singhiozzo per altri cinque anni, durante i quali tutti i partecipanti fecero il possibile per portarlo a termine. Lynch chiese soldi a parenti e amici, distribuì giornali per guadagnare qualche dollaro e, quando non riuscì più a pagare l'affitto, si trasferì sul set, una circostanza che considerava ideale per i suoi scopi. Questa vita impossibile, dedicata all'arte senza compromessi, contribuì alla fine del suo matrimonio. Contemporaneamente, in quegli anni, una rivoluzione spirituale era in atto nella vita dell'artista, che nel 1973 aderì alla Meditazione Trascendentale di Maharishi Mahesh Yogi, una tecnica moderna ereditata dalla grande tradizione induista e buddista. Il risultato fu visibile nel finale di *Eraserhead* (*v. Capitolo* 5).

Anche tra il gruppetto di persone che collaborarono alla realizzazione del film si stabilì un rapporto destinato a lasciare il segno. A cominciare da Jack Nance e dalla sua moglie di allora Catherine Coulson. Il primo, che svolse la parte del protagonista Henry Spencer, è forse l'attore che compare nel maggior numero di film di Lynch: *Dune* (capitano Nefud degli Harkonnen), *Velluto blu* (Paul, uno degli amici di Dennis Hopper), il cortometraggio *The Cowboy and the Frenchman* (Pete, uno dei cowboy), *Twin Peaks* (Pete Martell), *Cuore selvaggio* (00 Spool) e *Strade perdute* (il meccanico). Catherine Coulson, invece, che già aveva recitato in *The Alphabet*, sarebbe diventata l'iconica Signora del ceppo nella serie di *Twin Peaks*.

Alla fine *Eraserhead* fu completato e proiettato al festival Filmex, a Los Angeles, nel 1977, in una versione di 142 minuti, che lo stesso Lynch ridusse ai più digeribili 89 minuti attuali. Il lungometraggio fu notato e acquistato dal distributore Ben Barenholtz, il re del circuito dei film d'avanguardia (*midnight movies*) negli Stati Uniti. Dopo una partenza in sordina, *Eraserhead* divenne per anni un film di culto e aprì a Lynch le porte di Hollywood. La svolta si presentò nel 1980, quando Mel Brooks gli affidò la direzione di *The Elephant Man*. Fu un successo: il migliore incasso dell'intera carriera di Lynch e 8 nomination al Premio Oscar, tra cui per la miglior regia e la miglior sceneggiatura. Lynch divenne così uno dei principali registi emergenti e nel 1984 Dino De Laurentiis gli chiese di girare l'adattamento cinematografico di un libro di successo, il romanzo di fantascienza *Dune* di Frank Herbert. Doveva essere un kolossal, invece fu un fiasco: costato 45 milioni di dollari, ne portò in cassa poco più della metà. David Lynch fu molto deluso, se non traumatizzato, dalla vicenda. Soprattutto dal fatto che la sua versione originale, lunga 3 ore e mezzo, fu ridotta a 137 minuti senza che il regista potesse avere il controllo sul montaggio (da quel momento lo pretese per tutti i suoi film). Nonostante gli screzi e la delusione di entrambi, Lynch girò per De Laurentiis un altro film: *Velluto blu* (1986). Questa volta fu un successo, tanto che il film è generalmente riconosciuto come uno dei migliori degli anni '80.

Fu poi la volta della prima stagione della serie *I segreti di Twin Peaks* (1990) e, nello stesso anno, *Cuore selvaggio*, che vinse la Palma d'oro a Cannes. Poi la seconda, e meno fortunata, stagione di *Twin Peaks* (1991); il prequel *Fuoco cammina con me* (1992), incentrato sulle inconfessabili vicende di Laura Palmer alla vigilia del suo assassinio; *Strade perdute* (1996), che inaugurò un nuovo filone di "storie parallele"; *Una storia vera* (1999); *Mulholland Drive* (2001) e, infine, *Inland Empire* (2006), l'ultimo e radicale film, in cui la struttura delle storie parallele è portata alle estreme conseguenze.

Poliedrico. In mezzo, tra le produzioni del nostro, ce n'è per tutti i gusti. Tanto che Lynch è stato definito "uomo del Rinascimento". Ecco un assaggio delle sue attività negli svariati campi.

• Fumetti (la striscia settimanale *The Angriest Dog in the World*, più o meno dal 1982 al 1992).

• Performance teatrali (*Industrial Symphony n° 1*, del 1989, una via di mezzo tra un video e un musical, con musiche suggestive composte insieme ad Angelo Badalamenti e immagini tratte dal mondo di *Twin Peaks* e *Cuore selvaggio*).

• Progetti non realizzati (a cominciare da *Ronny* o *Ronnie Rocket* – ne esistono più versioni – per il quale non ha mai trovato un produttore; un film basato sul racconto *La metamorfosi* di Franz Kafka; il prequel di *Dune*; *One Saliva Bubble*, una commedia per la televisione; *The Lemurians*, serie tv ambientata nel continente perduto di Lemuria; *The Goddess*, un

La curiosità

Una volta, Lynch andò da uno psichiatra per via di un pensiero ossessivo che lo infastidiva. Chiese al dottore se una terapia avrebbe potuto mettere in pericolo la sua creatività. Il dottore rispose di sì, che il rischio c'era, quindi Lynch abbandonò l'idea.

progetto, sempre per la tv, sugli ultimi giorni di vita di Marilyn Monroe).

• Progetti realizzati (per la tv), ma non perfettamente riusciti (*The Cowboy and the Frenchman*, del 1988, che pure a lui piace molto; la sitcom *On the Air* nel 1992, troncata prematuramente negli Usa dopo solo tre episodi su sette; *Hotel Room*, 1993, tre episodi – di cui due di Lynch – girati in una camera d'albergo).

• Quadri e fotografie (un compendio della sua attività in questi settori è stata pubblicata nei libri *Images* e *The Air is on Fire*).

• Kit assimilabili a scatole di montaggio biologiche di animali (sezionati), e in particolare un pesce, un pollo e un'anatra.

• Musiche e video (come gli album *Crazy Clown Time* e *The Big Dream*).

• Esperienze di attore (*Zelly and Me*, del 1988, in cui recita con la moglie Isabella Rossellini).

• Esperienze di produttore (per esempio *My Son, My Son, What Have You Done*, uscito nel 2009 e diretto da Werner Herzog).

• Video commerciali (per Opium di Yves Saint Laurent, Michael Jackson, Lancôme, Adidas, Nissan Micra, la Balilla e anche Giò di Armani, che pare essere il suo preferito).

• Mobili (si dilettava nel design).

• Esperimenti al computer (*Dumbland*, disponibile on line su www.davidlynch.com).

• Siti Internet (www.davidlynch.com).

• Sitcom surreali (*Rabbits*, su www.davidlynch.com).

• Documentari (*Interview Project*, una serie di documentari per il web diretti da suo figlio Austin e dall'amico Jason S.).

• Dirette *streaming* (un concerto dei Duran Duran nel 2011, *Unstaged*).

• Chi più ne ha più ne metta.

In questo libro, tranne poche eccezioni, ci limiteremo a considerare la serie *Twin Peaks* e i film per il grande schermo: un'analisi più che sufficiente per i nostri scopi.

Bibliografia minima

- *Lynch on Lynch*, Chris Rodely (1997).
  Un libro di interviste che copre il periodo fino a *Strade perdute*. Un punto di riferimento per gli appassionati. Pubblicato in italiano con il titolo *Lynch secondo Lynch* da Dalai.

- *In acque profonde*, David Lynch (2008).
  La versione italiana di *Catching the Big Fish*, un libro pubblicato nel 2006 dal regista per parlare di cinema e di meditazione trascendentale. Il testo, semplice e interessante, si legge in poche ore.

- *David Lynch: Beautiful Dark*, Greg Olson (2008).
  Il libro più completo e dettagliato sul regista di *Twin Peaks*: 752 pagine in inglese, ricche di contenuti e ben documentate. Un vero e proprio inno al regista, scritto con toni agiografici.

- *David Lynch. Perdersi è meraviglioso*, a cura di Richard A. Barney (2012).
  Una raccolta di interviste che copre tutto il periodo d'attività del regista. Pubblicato in italiano da Minimum fax.

Articoli su riviste specializzate

- "David Lynch Keeps His Head", articolo apparso sulla rivista *Premiere* nel settembre 1997, scritto da David Foster Wallace in occasione dell'uscita di *Strade perdute*.

In Internet

- www.lynchnet.com, sito ricchissimo di informazioni. I virgolettati di Lynch riportati in questo libro sono tratti soprattutto da qui e dai libri di Rodely e di Barney.

CAPITOLO 4.
TWIN PEAKS: LA GRANDE LOTTA TRA IL BENE E IL MALE

La serie televisiva *Twin Peaks*, in italiano *I segreti di Twin Peaks*, è il lavoro che più di ogni altro ha reso famoso David Lynch. Tuttavia, per varie ragioni, il regista vi si è dedicato solo in parte, per cui l'insieme risulta eterogeneo, imperfetto, pieno di idee abbozzate e lasciate a metà, nonché di filoni sviluppati fino all'eccesso e altri chiusi forzatamente per via delle costrizioni televisive. David Lynch, insieme con Mark Frost, ha ideato e definito le linee principali, ha diretto l'episodio pilota e qualche altra puntata, tra cui quella conclusiva (la più visionaria). In seguito ha realizzato il prequel, *Twin Peaks – Fuoco cammina con me*, uno dei suoi film più duri e sconvolgenti, ingiustamente affossato dalla critica quando uscì nel 1992. Per gli appassionati di Lynch, *Fuoco cammina con me* è un capolavoro imprescindibile.

Nonostante tutto, *Twin Peaks* – soprattutto la prima stagione – è una serie profondamente lynchiana, piena di idee, suggestioni e temi propri dell'universo artistico del regista di *Eraserhead*. Come ha detto l'attore Kyle MacLachlan (l'agente Cooper) a *Time* nel 1990: "David è colui che mantiene la fiamma accesa, questo è il suo mondo". Nelle pagine che seguono ci concentreremo sulle idee chiaramente riconducibili a lui, perché trovano riscontro in altri film e contribuiscono alla comprensione completa della sua opera.

Un successo annunciato. Il progetto presentato da Mark Frost e David Lynch era molto innovativo per la televisione statunitense dell'epoca. Fin dall'episodio pilota, fu un successo. "*Twin Peaks* cambierà la tv", titolavano i giornali. "Senza precedenti", ribatteva *The Washington Post*. "Il lavoro più ossessivamente originale", per il *Time*. La prima puntata, l'8 aprile del 1990, fu vista da 34,6 milioni di persone.

Di che cosa parla. La storia comincia in modo molto diretto, con la scoperta del cadavere di una giovane adolescente sulle rive di un fiume (Lynch dice che è un caso, ma il soggetto ricorda un'opera di Marcel Duchamp, *Étant donnés*, del 1946-66). Siamo a Twin Peaks, un paesino immaginario nel Nord Ovest degli Stati Uniti (nella realtà, il film è stato girato in più località, tra cui Snoqualmie, North Bend e Fall City, nello Stato di Washington). E siamo subito nel cuore di un mistero, attorno al quale ruoterà tutta la vicenda.

La prima immagine è quella di Jocelyn, un'affascinante signora orientale, di fronte allo specchio. Poi c'è il vecchio Pete che, come al solito, va a pesca. Sono le prime ore del mattino e sembra una giornata come tante. Pete nota qualcosa sulla riva del fiume, accanto a un enorme tronco d'albero. Si avvicina, guarda bene: è una donna avvolta in un telo di plastica. Sconvolto, l'uomo chiama lo sceriffo. Dopo che sono state scattate le foto di rito, il medico legale – il dottor Hayward – scosta con la mano la plastica mettendo in evidenza il volto di una giovane donna, statico e sereno come in un quadro, con la pelle perlacea e le labbra viola. È lei, Laura Palmer.

A partire da qui è tutto un via vai di comunicazioni e telefonate, con primi piani feticistici alle varie cornette, un tema surrealista che comparirà in modo insistente per tutta la serie e poi anche in *Strade perdute* e in *Mulholland Drive*. La prima a notare l'assenza di Laura è Sarah, la madre, che la chiama per andare a scuola. Ma Laura non risponde. La telecamera indugia sulle scale che portano alla camera della ragazza, e in particolare sulla ventola che gira: nel linguaggio di Lynch, è segno che qualcosa non va (in *Eraserhead*, a girare a vuoto è un disco; in *Anche i nani hanno cominciato da piccoli* di Herzog, a girare in tondo sono i nani al culmine del loro caos; nella *Ballata di Stroszek*, è il protagonista a far girare in tondo una vettura prima di suicidarsi). Nel linguaggio di *Twin Peaks*, in particolare, la ventola che gira è il segno del passaggio di Bob, l'entità sovrumana più malvagia della saga. La madre non lo sa, ma è preoccupata. E Lynch ci lascia con il dubbio: davvero la donna non ha elementi per immaginare la tragedia che è avvenuta in casa sua?

Dopo la madre fa la sua apparizione il padre, Leland Palmer. La sua prima inquadratura è durante una riunione di lavoro con il suo amico Benjamin Horne, di cui è avvocato. Ma poi arriva una telefonata: è la moglie che lo chiama, perché sta cercando la figlia. Leland si reca nella stanza accanto a rispondere. Dice alla moglie di non preoccuparsi, insiste, ma vede arrivare lo sceriffo e capisce. Lascia cadere la cornetta, con la voce della moglie dall'altro capo che si fa sempre più forte. E, quando arriva anche Benjamin Horne, prima ancora che lo sceriffo abbia tempo di parlare, il padre geme con la voce rotta dal pianto: "Laura è morta".

Personaggi lynchiani e non. A occuparsi del caso, oltre allo sceriffo, è un agente federale, Dale Cooper. In pratica, è l'alter ego di Lynch. L'agente Cooper è un giovane posato, sensibile, appassionato di caffè, buongustaio, che – per lo meno nella prima parte della serie – ha indosso una cravatta nera come quelle dello stesso Lynch. Ma soprattutto Cooper ha la caratteristica di basare le proprie indagini più che sull'intelligenza, che pure non gli manca, sull'intuito e perfino sul "sesto senso". Appena arrivato a Twin Peaks sulla sua auto, rivolgendosi alla sua assistente Diane tramite un'audiocassetta (un'abitudine che manterrà per tutta la serie), non mancherà di far sapere che gli piacciono i boschi. "Come direbbe W. C. Fields – dice Cooper, citando l'attore di *It's a Gift*, una delle commedie preferite di Lynch – è meglio stare qui che a Filadelfia".

Il film procede con una serie di interrogatori e di indagini. Compare anche Ronette Pulaski, una ragazzina sopravvissuta per miracolo allo stesso dramma che è costato la vita a Laura. Si scoprirà presto che le due ragazze mettevano inserzioni in giornali porno, si drogavano di cocaina e avevano una vita nascosta di cui nessuno sospettava l'esistenza.

Al centro esatto dello svolgimento dell'episodio pilota compare una foto di Laura, che era stata eletta reginetta della scuola l'anno precedente. L'immagine ci mostra solo un lato della ragazza, quello angelico, e ci fa riflettere su che cosa, in genere, si nasconda dietro una foto (David Lynch ha raccontato che la stessa Sheryl Lee è stata selezionata per il ruolo di Laura Palmer a partire da una foto). Questo particolare è degno di nota perché Lynch, in svariati film, ha posato l'occhio della telecamera su una foto: quella della madre di Merrick in *The Elephant Man*, quella della madre di

Lula in *Cuore selvaggio*, quelle di Renee e Alice in *Strade perdute*. E questa foto di Laura tornerà ripetutamente nel corso della serie. Anche nel film *Vertigine* (1944) di Otto Preminger, la protagonista si chiama Laura, viene assassinata (o almeno, così all'inizio si crede) e il detective che indaga sul caso si innamora di lei attraverso un suo ritratto (un dipinto) affisso sul camino.

Per il resto, le indagini e la puntate vanno avanti seguendo numerosi filoni che, almeno all'inizio, non portano a nulla, e che alla fine costringono Cooper a restare sempre inchiodato alla cittadina in mezzo ai boschi (con il duplice sospetto che 1, nel film, l'agente lo faccia apposta perché si trova bene lì e 2, nella realtà, i produttori non sappiano più che cosa inventarsi pur di far continuare la serie) mentre il caso principale è ormai da tempo risolto; tra l'altro contro il parere di Lynch, che avrebbe voluto tenere nascosta l'identità del killer fino alla fine. Nelle varie puntate, molte vicende parallele si intrecciano e finiscono sotto i riflettori i vari personaggi, ma non tutti si possono definire lynchiani. Oltre a Dale Cooper, decisamente lynchiana è la Signora del ceppo, che se ne va in giro portando sempre con sé come un neonato un moncone di ramo d'albero: "incarna" il marito morto durante un incendio. La donna non si separa mai dal suo partner simbolico e ogni tanto si fa perfino portavoce di quello che il ceppo (cioè il marito) vorrebbe dire. Non lynchiano è invece Windom Earle, che potremmo definire l'anti-Cooper, il personaggio che, con la sua intelligenza spietata e superiore, più di tutti darà filo da torcere all'agente dell'Fbi nella seconda stagione. "Windom Earle è tutto Mark Frost", ha dichiarato Lynch a Greg Olson, in un'intervista.

Quali episodi ha seguito direttamente Lynch? Come regista, l'episodio pilota (numero 0) e il secondo (Episodio 2) della prima stagione. Poi i primi due (Episodi 8 e 9), il settimo (Episodio 14) e l'ultimo (Episodio 29) della seconda stagione. Più il prequel *Fuoco cammina con me*. Come sceneggiatura, Lynch ha curato l'episodio pilota, poi l'1, il 2 e il 9, tutti con Mark Frost. La sceneggiatura di *Fuoco cammina con me* è di Lynch e Robert Engels.

Chi è veramente Laura Palmer. Ci viene presentata come una donna "piena di segreti", ed è proprio attorno a quei segreti che ruota la serie (da questo punto di vista il contrario di Laura è James, che nell'Episodio 5 dice alla sua ragazza, Donna: "I segreti rovinano tutto, distruggono la felicità fra due persone. Non deve succedere anche a noi").

Nella serie tv, la migliore descrizione della personalità di Laura emerge da un dialogo tra Bobby Briggs – con il quale la ragazza aveva una relazione – e il dottor Jacoby (Episodio 5). "Laura voleva morire", ricorda Bobby. "[...] Diceva che le persone provano a essere buone, ma sono ormai corrotte, marce. Lei più degli altri. E ogni volta che aveva tentato di trasformare il mondo in un posto migliore, dentro di lei era esplosa una forza orribile che l'aveva trascinata all'inferno. Quella cosa la portava sempre più giù, nel più nero degli incubi, ed era sempre più difficile liberarsene e trovare la luce". "Ti è capitato di avere la sensazione che Laura nascondesse qualche orribile segreto?", domanda Jacoby. "Sì". "Così orrendo da indurla a desiderare la morte?". "Sì". "Così orrendo da indurla a cercare le debolezze delle persone e poi ad approfittarne, tentandole, privandole della dignità, portandole a compiere gesti terribili, degradanti". "Sì". "Voleva corrompere la gente perché si sentiva sporca e corrotta anche lei". "Sì", si arrende Bobby, costretto ad ammettere che Laura faceva così anche con lui, spingendolo a comprare droga per procurarsene per sé.

David Lynch era affascinato dal personaggio di Laura Palmer, uno dei più profondi e tormentati del suo mondo cinematografico. Fu proprio per darle vita che decise di girare *Fuoco cammina con me*. Nel film Lynch spiega la ragione del comportamento autolesionistico della ragazza: fa tutto questo perché vuole sfuggire a Bob, il mostro che la violenta e che vuole possederla anche nell'anima. Ma lei resiste, e cerca la dannazione perché è convinta che Bob sia attratto dalla sua innocenza. Laura vuole dunque convincersi di non esserlo, cercando al tempo stesso di difendere le persone che coinvolge in questa corsa sfrenata verso il basso dal vero male, Bob, l'origine di tutti i suoi segreti.

Laura è forte di carattere e sceglie di morire pur di non arrendersi. Nel suo diario segreto, scrive: "Morirò questa notte, è deciso. Devo farlo, perché questo è l'unico modo per tenere Bob lontano da me. È l'unico modo per strapparmelo da dentro. Lo so che lui mi vuole, posso sentire il suo fuoco. Ma se muoio non può più farmi del male".

C'è però un dettaglio raccapricciante: la forte intesa sessuale tra la ragazza e il suo carnefice. Nel nastro conservato da Jacoby, infatti, si sente la voce di Laura che dice: "Lui sa come accendere il mio fuoco". Un concetto che Laura ripete a Harold Smith, il ragazzo agorafobico che vive chiuso in casa con le sue orchidee, in *Fuoco cammina con me*. Bob è l'unico che sembra capace di capire davvero la sessualità di Laura, di portarla all'apice del piacere, mentre degli altri uomini a lei non importa un gran che e li usa come giocattoli.

La giovane donna è l'incarnazione della tipica eroina lynchiana. Così come Henry in *Eraserhead*, Merrick in *The Elephant Man* e Diane in *Mulholland Drive*, Laura è una vittima senza speranza in un mondo nel quale non ha via di scampo. L'unico riscatto possibile è nell'aldilà, che tutti questi personaggi provvidenzialmente raggiungono (l'unica eccezione è Fred, in *Strade perdute*).

Simboli e stranezze varie. La serie è disseminata di simboli, oggetti totemici e stranezze varie, a cui in genere non serve fare particolare attenzione per seguire il filo delle vicende. Di solito la loro funzione è agire sull'inconscio, in perfetto stile lynchiano. Oltre al già citato ceppo, nell'episodio pilota compare anche una testa di cervo sul tavolo dell'ufficio dove Cooper e lo sceriffo sono andati per aprire la cassetta di sicurezza di Laura. L'impiegata dice: "Era caduta a terra". Ma vista così, sul tavolo, ha un aspetto decisamente strano. È fuori posto. Un simbolo del genere può richiamare diverse idee, per esempio la morte, il caos, il male, che stanno per emergere dall'apertura della cassetta di sicurezza della ragazza (contiene una rivista pornografica con annunci di Laura e Ronette e più di 10 mila dollari in contanti).

Cervi e relative corna (memorabili quelle sulla testa di Hank nell'Episodio 7) tornano spesso in *Twin Peaks*, in particolare in relazione a Leland negli episodi 2 e 14 – in entrambi i casi viene inquadrato il dipinto di un cervo nella casa dei Palmer – e in occasione della morte della prima vittima di Windom Earle. In quel caso una testa di cervo è piazzata accanto a una scacchiera e al dito puntato della vittima sulla mossa dell'assassino. Deer Meadow (letteralmente, "prato dei cervi") è anche la località dove si svolge l'assassinio di Teresa Banks, la prima vittima di Leland/Bob, in *Fuoco cammina con me*. In *Industrial Symphony n° 1* viene creato un essere con la testa di cervo. Mr Reindeer è un personaggio (malvagio) di *Cuore selvaggio*. E i cervi compaiono anche in *Una storia vera*, quando il protagonista incontra una donna disperata, perché continua a investirli.

Sempre a proposito di animali, un'altra stranezza: Sarah vede un cavallo bianco in casa in due occasioni, prima della morte di Laura (in *Fuoco cammina con me*) e prima della morte di Maggie (nella serie, Episodio 14). In entrambi i casi è un presagio di morte.

Chi è il colpevole (e perché rischia di restare impunito). Bisogna aspettare quattrodici puntate, e altri omicidi consumati nel frattempo, prima che venga identificato il carnefice di Laura: è Leland, il padre. Dunque si risolve nel modo più drammatico il giallo del cadavere trovato una mattina sulle rive di un fiume, nell'apparentemente tranquilla cittadina di Twin Peaks. Il colpevole è un serial-killer che violentava la figlia fin da bambina e che alla fine la uccide con una sorta di rituale satanico che coinvolgeva un'altra ragazza, con dettagli raccapriccianti che trovano spiegazione completa nel prequel. Dunque Leland è colpevole di violenza sessuale, incesto e pluriomicidio. Per lui, è quasi una scusante essere stato posseduto da un demone di nome Bob.

Se Leland era così malvagio, però, come mai nessuno se n'era accorto e rischiava perfino di rimanere impunito, se l'ottimo Cooper non fosse stato aiutato da svariati personaggi di natura ultraterrena? Soprattutto, come mai la figlia non sembrava rendersi conto che fosse il padre a violentarla? E come ha fatto a non accorgersi di niente la madre? La risposta, ancora una volta, è di tipo psicologico: le donne della famiglia rimuovono il pensiero abominevole dell'incesto. A livello conscio, non lo vedono. Non solo; entrano in gioco anche altri meccanismi, come il senso di colpa da parte della vittima (che reagisce cercando la dannazione) e la gelosia, insieme con un certo impulso sadico, da parte del padre, quando riprende severamente la figlia per una colpa irrisoria: non si era lavata le mani prima di cena. In realtà Laura era colpevole di aver avuto "un amante", nelle parole di Leland. Dunque doveva lavarsi per mondare la presunta macchia interiore. Quasi a ribadire in modo subliminale questo concetto, in *Fuoco cammina con me* il tema della pulizia ossessiva compare anche in un'altra scena, quando Leo Johnson fa vedere con accanimento alla moglie Shelley "come si lava un pavimento".

Tornando a Leland, nemmeno lui sembra rendersi conto di quello che fa alla figlia. Ma il mistero della sua identità è un abisso senza fondo: è consapevole o no delle sue azioni? E come fa a convivere con quel peso? Di certo, di fronte a tante rimozioni, Lynch non esita a far parlare l'inconscio. Come quando Leland è nella camera della figlia con il cuscino di lei sui genitali (Episodio pilota), oppure quando si mette a ballare con la foto della ragazza (Episodio 2) e la moglie esclama per due volte: "Che sta succedendo in questa casa?" (come se stesse finalmente aprendo gli occhi). E poi, al funerale di Laura (Episodio 3), quando il padre si butta sulla bara della figlia e Sarah è straziata, guarda dall'alto e rimprovera: "Leland, non rovinare anche questo", mentre lui ripete piangendo: "la mia bambina!"...

Al termine di mille peripezie, dopo aver effettuato e tentato altri omicidi, ormai smascherato e in carcere, Leland muore (Episodio 16). Si suicida tragicamente, andando a sbattere con la testa contro la porta (sembra più un omicidio orchestrato da Bob, tanto è crudele, che un suicidio vero e proprio). Nel momento del trapasso, finalmente libero della possessione che lo condizionava, l'uomo si rende conto di quel che ha fatto: "Oddio, Laura! L'ho uccisa io!", confessa a se stesso e al mondo, "Ho ucciso mia figlia!". Dice che l'avevano costretto a farlo (Perché parla al plurale? Non era solo Bob a possederlo? Non c'è una risposta chiara), perché Laura si rifiutava di arrendersi "a loro". Dilaniato dal dolore, Leland chiede perdono. Cooper è vicino a lui e lo guida. "Guarda verso la luce", gli dice più volte. Leland ce la fa, si lascia andare, vede la luce, e vede anche Laura. Sebbene l'episodio non sia stato diretto da Lynch, il trapasso di Leland ricorda la morte di Susan in *Inland Empire*, il finale di *Eraserhead* e quello di *The Elephant Man*. "Per te è arrivato il momento di seguire la via", dice Cooper a Leland. "Tra poco la tua anima verrà sommersa da una luce splendente, e tu conoscerai una nuova e definitiva realtà, una realtà in cui tutto è come un cielo vuoto senza nuvole, in cui l'immacolato e nudo intelletto è come un immenso spazio trasparente, senza un confine e senza un centro. In questo momento tu conosci te stesso, e rimarrai così in eterno".

La seconda stagione avrebbe potuto finire qui, comprendendo anche le ultime riflessioni sulla natura del male tra Cooper, il suo collega Albert, lo sceriffo Truman e il Maggiore Briggs. Sarebbe stata una conclusione bella e coerente con l'episodio pilota, in attesa di un'eventuale terza stagione. E invece no, la serie si è trascinata per altre 13 puntate che si sono concluse con il visionario viaggio del detective nella Loggia nera, ideato da Lynch per tirare le fila di una storia che si stava sfilacciando del tutto e di cui lui stesso stava perdendo ogni controllo.

Laura Palmer, alla fine, si salva? Sì, e lo fa indossando l'anello. Resta un margine di mistero. Ma, con questo gesto, Laura costringe Bob a consegnare la "garmonbozia" (il simbolo del suo sacrificio) al rivale Mike e si ricongiunge con l'angelo che – in sogno ma anche nella realtà – era fuggito dal quadro della sua stanza. E sembra finire (per lo meno nelle visioni di Cooper) in uno degli ambienti più confortevoli all'interno del labirinto di tende rosse che è la Red Room (*v. in seguito*). Qualcosa di simile al paradiso. Di meglio la donna non poteva fare. L'alternativa era cedere la sua anima a Bob, che si sarebbe impossessato di lei così come aveva già fatto con il padre. Di fronte alla dannazione sicura, Laura sceglie la via del mistero, dell'ignoto, dell'anello. E, così facendo, apparentemente si salva.

Chi diavolo è Bob? La risposta immediata è semplice: un'entità sovrumana che possiede Leland e che lo spinge a compiere i più atroci delitti. In realtà la parte più bella della serie sono le prime puntate, quando già si comincia a fare conoscenza con Bob ma sorge il dubbio che non sia un personaggio "reale" quanto piuttosto una proiezione della mente, una personificazione del male o della parte folle di Leland, un po' come Mystery Man in *Strade perdute* e Lou nel primo episodio della miniserie tv *Hotel Room*. "Forse è questo che Bob rappresenta, il male che c'è dentro di noi", dice il razionale agente Albert Rosenfield, alla fine dell'Episodio 16. Ma i suoi interlocutori – Truman, Cooper e il Maggiore Briggs, – lasciano la porta aperta a una spiegazione diversa.

Questo dubbio resta per un po' e certamente contribuisce al fascino della serie. Almeno fino a quando ci si convince che in realtà è tutto vero: Bob, in *Twin Peaks*, pur restando ineffabile e misterioso è un personaggio reale, come tanti altri di cui parleremo in seguito. Bob si chiama in realtà Robert, e ha un'identità anche fisica ben definita: magro, capelli lunghi, barba incolta, ghigno satanico, occhi spiritati, giubbotto di jeans. Pare non avere altro scopo che quello di possedere le sue vittime e spingerle a compiere gli atti più efferati, per nutrirsi di paura, sofferenza e morte.

Bob è un essere apparentemente immortale, un demone che voleva impossessarsi di Laura Palmer. Come il suo ex socio d'affari Mike, infatti, Bob ha bisogno di un corpo in cui incarnarsi. E in più ha bisogno di vittime umane, poiché si nutre del loro sacrificio. La sua prima vittima è una tale Teresa Banks (*Fuoco cammina con me*). Poi è il turno di Laura, Ronette (che però si salva) e Maddy (la cugina di Laura). Sotto le unghie dell'anulare sinistro delle persone che uccide, Bob inserisce una lettera. Messe tutte insieme, queste lettere formano la sequenza R, O, B, T, nella quale l'agente Cooper riconosce il nome e la firma di Robert. Cioè Bob, appunto (Tra parentesi, in molti hanno scritto che, da giovane, Lynch aveva realizzato un'opera in cui le donne si trasformavano in macchine per scrivere; di certo l'interesse per l'alfabeto è ribadito nel suo secondo cortometraggio, *The Alphabet*).

Nell'Episodio 10, Leland racconta come è entrato in contatto con Bob: "Ricordo che mi tirava addosso i fiammiferi. Diceva: Ti piacerebbe giocare col fuoco, ragazzino?". Nell'Episodio 8, James racconta allo sceriffo Truman che Laura una volta lo spaventò con quelle stesse parole: "Ti piacerebbe giocare col fuoco? Ti piacerebbe giocare con Bob?".

Tutto chiaro, dunque? Sì, ma resta un dubbio: se Bob è il male assoluto, perché non colpisce in modo indiscriminato, ma spinge Leland a uccidere solo le donne che assomigliano alla figlia? Pensiamoci bene: Leland uccide quattro volte. Una volta (Jacques Renault) per eliminare un testimone e depistare le indagini. E per ben tre volte uccide la figlia: prima Teresa Banks, che le assomiglia (lo confessa lo stesso Leland), poi Laura e infine la cugina Maddy, che in pratica è una gemella ed è infatti interpretata dalla stessa attrice Sheryl Lee. Poi attacca anche Donna, che aveva avuto l'imprudenza di presentarsi davanti a lui da sola e con indosso gli occhiali di Laura, e avrebbe ucciso anche lei se non fosse arrivato all'improvviso lo sceriffo Truman. Lo stesso Leland/Bob, invece, non dà mai il colpo di grazia a Ronette Pulaski, colpevole solo di essersi trovata al posto sbagliato nel momento sbagliato. Eppure sarebbe bastato davvero poco per farla fuori. Il sospetto è che, nell'idea iniziale, Bob non fosse altro che la personificazione di un aspetto della mente di Leland: il suo lato oscuro, orribile, non riconosciuto e dunque con un altro volto.

Chi è Mike? E il Nano? Nel diario segreto di Laura c'è scritto che Bob ha paura solo di un uomo. Quest'uomo è Mike, il personaggio senza un braccio che vive nel corpo di un certo Philip Gerard, venditore di scarpe, e che fin dal primo episodio si aggira nell'obitorio e nelle corsie dell'ospedale alla ricerca di Bob. Dice che vuole fermarlo, ma fra i due sembra esserci un conto in sospeso. In ogni caso, Cooper, che ha visto entrambi in sogno (Episodio 2), li descrive così: "Dicono di vivere sopra un negozio". E hanno un tatuaggio sulla spalla sinistra: "Fuoco cammina con me". Mike non voleva più ammazzare, e si era tagliato l'arto. Infatti Mike, nel sogno di Cooper, dice di aver preso questa decisione dopo aver visto il volto di Dio. Un dio, tra l'altro, di cui non c'è traccia in tutta la serie, se non in quelle poche parole di Mike.

Nel sogno di Laura (*Fuoco cammina con me*), il Nano (The Man from Another Place) dice a Cooper: "Io sono il braccio". Infatti alla fine del film, i due compaiono accanto di fronte a Bob. Il Nano è alla sinistra di Mike, proprio al posto del braccio mancante. Addirittura allunga il suo arto destro e si congiunge alla spalla sinistra di Mike, in modo da rappresentare anche fisicamente la propaggine dell'altro. E in quel momento i due parlano all'unisono, come se costituissero un tutt'uno: "Voglio tutta la mia garmonbozia", intimano al rivale.

Il nome "Mike" riecheggia spesso nel cinema di Lynch. Nel mediometraggio *The Grandmother*, praticamente senza dialoghi, le uniche parole che si sentono sono i rimproveri/richiami dei genitori al figlio: "Mike! Mike!". Nel sogno di Cooper, Bob chiama l'ex socio con le stesse parole, "Mike! Mike!", mentre nell'Episodio 16 è Cooper a rivolgersi così all'uomo senza un braccio, chiamandolo sempre "Mike! Mike!" (Greg Olson racconta anche che, quando Lynch era molto giovane e i suoi genitori andarono a vivere in California, si trasferirono al primo piano di un edificio che al pian terreno aveva un negozio di arte di un certo Michelangelo Aloca, detto Mike, con una folta capigliatura, spalle larghe e gambe sottili che lo costringevano a stare su una sedia a rotelle. Chissà che questo Mike non c'entri qualcosa con lo strano mondo di Lynch).

Che cos'è la garmonbozia? Il cibo di cui si nutrono gli esseri sovrannaturali di Twin Peaks, a cominciare da Bob e dal Nano. All'apparenza si tratta di mais, un alimento che compare altre volte nei film di Lynch (in *Fuoco cammina con me*, quando Laura dice a James "Sono persa, da molto tempo. Come un tacchino nel granturco" – espressione tra l'altro mal tradotta nell'edizione italiana ("Come un tacchino incenerito") –; nell'Episodio 9, quando Donna va a casa della Signora Tremond e del nipote, a portare un pasto a domicilio; in *Una storia vera*, dove si vedono campi di mais a perdita d'occhio; Nella miniserie *Hotel Room*, in cui è narrata la storia di un omicidio, e conseguente sdoppiamento di personalità da parte dell'assassino, che ha forti analogie con le vicende di *Twin Peaks*; e perfino in *Eraserhead*, dove dal corpo del feto/bimbo colpito da Henry con una forbice esce un'enorme quantità di una sostanza simile a polenta). Da notare che il mais, per i Maya e altre culture precolombiane, era un importante simbolo di vita spesso associato al sangue e ai sacrifici umani. Nei sottotitoli di *Fuoco cammina con me*, la garmonbozia è definita come *pain and sorrow*, il cibo di cui si nutre Bob.

In *Fuoco cammina con me*, Bob è costretto a consegnare la garmonbozia a Mike e al Nano. Dopo l'assassino di Laura, infatti, si vede infatti Bob prende il sangue dal ventre di Leland e lo scaglia a terra. Ma quando tocca terra il sangue si trasforma in mais, che finisce nella bocca del Nano.

Che cosa rappresenta l'anello? Non è semplice dirlo, ma è un simbolo importante. Verosimilmente è il simbolo di un patto che in precedenza legava Bob e Mike. E, come dice Hank a Josie in un episodio della serie, "Una volta che sei in affari con qualcuno, lo sei per tutta la vita". Mike, infatti, nell'Episodio 16 dice a Cooper "Bob e io eravamo soci una volta, e tra noi c'era una relazione perfetta [...] era un cerchio dorato" e simula un anello con un gesto delle dita.

Quando Bob uccide Laura, nel treno abbandonato, si intromette Mike che attraverso la porta riesce a lanciarle l'anello. Quest'ultimo cade in un cerchio di luce. Laura lo prende, lo indossa, e in tal mondo costringe Bob a presentarsi di fronte a Mike e al Nano dopo l'assassinio, per consegnare la garmonbozia, cioè il sangue della ragazza. E, alla fine, chi si avvantaggia del crimine è il Nano. Dunque nemmeno Mike – che pure si è convertito e ha deciso di non uccidere più – si può definire un angelo del bene. Sul suo braccio resta "il tatuaggio dell'essere infernale" (com'è detto nel sogno di Cooper) e il suo nutrimento è, come per Bob, la garmonbozia.

Si capisce, così, perché Mike e il Nano propongano appena possono (il primo nella vita reale e il secondo nella Stanza rossa/Loggia nera) l'anello alle future vittime di Bob. Vogliono impedire che il rivale s'impossessi slealmente della loro leccornia preferita, che "rubi il granturco" (come, a quanto pare, Bob aveva fatto con Teresa Banks). Più difficile è capire il motivo per il quale, in sogno, Cooper cerchi di convincere Laura a non indossarlo. In realtà la donna, facendolo, nel momento di morire riesce a salvare la sua anima, o almeno così pare.

Che differenza c'è tra Loggia nera, Loggia bianca e Stanza rossa. Tutti e tre questi luoghi/non-luoghi sono menzionati nella serie tv, e alla fine sembrerebbero riguardare la stessa realtà ultraterrena, parallela a quella reale. Una realtà duale, in cui – come nella mente umana – lo spazio si dissolve e il tempo non scorre in modo uniforme e "oggettivo", ma seguendo i cortocircuiti delle emozioni. Una realtà in cui il bene e il male – così come le linee spezzate bianche e rosse che caratterizzano il pavimento – sono come lo Yin e lo Yang, due facce della stessa medaglia.

La Stanza rossa, o Red Room, appare in sogno e sembra rappresentare l'ingresso alla realtà ultraterrena delle logge. Nell'ultimo episodio, infatti, il Nano dice a Cooper: "Questa è la sala d'attesa" (il pavimento e l'arredamento assomigliano a quelli dell'ingresso del condominio di Henry in *Eraserhead*). Lynch è sempre stato interessato al tema del sogno, che compare in varie forme in quasi tutti i suoi film, da *The Elephant Man* a *Mulholland Drive*. In genere, però, il mondo dei sogni è personale, soggettivo. In *Twin Peaks*, invece, il sogno permette di entrare in realtà oggettive e condivise, alle quali più personaggi possono accedere e dove possono perfino incontrarsi. È quello che accade a Laura e a Cooper, e la realtà della loro esperienza è dimostrata dal ritrovamento di due pagine del diario segreto della ragazza nell'Episodio 16. Oltre a una dimensione oggettiva, però, la Stanza rossa ne ha anche una soggettiva: questo strano mondo riflette lo stato d'animo delle persone che vi entrano.

Per quel che riguarda la Loggia bianca, si potrebbe pensare che si tratti dell'equivalente del paradiso, e in effetti questa è la descrizione che ne dà Windom Earle nell'Episodio 26. Ma potrebbe non essere esattamente così. La definizione del poliziotto indiano Deputy Hawk nell'Episodio 18 è infatti un po' diversa: la Loggia bianca sarebbe "il luogo dove vivono gli spiriti che governano gli uomini e la natura". Non un paradiso vero e proprio, ma piuttosto un Olimpo popolato da esseri sovrannaturali in grado di calarsi nella nostra vita e condizionarla. Per arrivare in tale regno ultraterreno, dopo la morte ogni spirito deve purificarsi passando attraverso il suo riflesso oscuro, la sua "ombra", che si trova nel mondo parallelo della Loggia nera. Il percorso non è facile: nella Loggia nera si incontra il proprio doppio, la propria ombra, il *doppelgänger*. E se non si affronta questo momento con cuore saldo, l'anima è incenerita. Di certo non c'è traccia diretta della Loggia bianca, se non nelle visioni del Maggiore Briggs (bagliori luminosi che non rivelano molto).

La Loggia nera, infine, è il luogo dove si svolge gran parte delle vicende dell'ultima puntata della seconda stagione. È impossibile capire esattamente quanto accada, ma di certo i personaggi che arrivano qui si confrontano con sé stessi e non hanno vita facile. Cooper vi trova le donne che più ha amato: Annie, Caroline e anche Laura. Oltre, naturalmente, al perfido Windom Earle, che vuole rubargli l'anima ma che rimane a sua volta vittima di Bob. Cooper non ne uscirà indenne: la sua parte buona (cioè lui) rimarrà intrappolata nella Loggia nera, mentre a tornare indietro nella realtà è un Dale "cattivo", il suo *doppelgänger* posseduto da Bob.

Una parola sull'accesso a questi mondi ultraterreni. Implicitamente è riconosciuto che il modo normale per raggiungere le logge è la morte. Ci sono però alcune scorciatoie che permettono ugualmente l'accesso. La prima possibilità è il sogno, che però sembra consentire solo un ingresso parziale, o alcune visioni. La seconda è il passaggio attraverso una strana pozzanghera circolare di olio bruciato (serve "a oliare la porta", si dice nell'ultimo episodio), circondata da sicomori, nel cuore della foresta. La terza possibilità è rivelata dal Maggiore Briggs nell'Episodio 28: "La paura e l'amore aprono le porte". Infine si può indossare l'anello, come hanno fatto incautamente gli agenti Jeffries e Desmond.

Il lato oscuro di Cooper. Anche il perfettissimo agente Cooper ha una macchia nel suo passato. Quando era più giovane, al servizio del suo superiore Gordon Cole, era stato affiancato all'agente Windom Earle. A un certo punto, a entrambi era stato affidato il compito di proteggere la moglie di Earle, Caroline, testimone chiave di un'indagine federale. Ma Cooper s'innamorò di lei ed Earle impazzì. Una notte, a Pittsburgh, Cooper abbassò la guardia ed Earle si vendicò, uccidendo la donna.

Dunque sulla coscienza del giovane agente grava il senso di colpa per la morte di Caroline e per la pazzia di Windom Earle. Una colpa che, con il ripetersi di episodi drammatici alle donne più vicine a lui (il rapimento di Audrey Horne e, soprattutto, l'uccisione di Annie, la ragazza di cui si era innamorato) per Cooper diventerà un problema serio. Per primo Bob, messo ormai alle strette, poco prima di uccidere il suo ospite umano – Leland rinchiuso in cella

(Episodio 16), rinfaccia all'agente: "Che cos'è successo a Pittsburgh quella volta?", rivolgendosi con un tono che ricorda quello del diavolo nell'*Esorcista*. Ma, soprattutto, sarà il rimorso di questa colpa a inchiodare l'agente nella Loggia nera nell'ultimo episodio.

Il gigante, l'apprendista mago, la scimmia. Oltre a Bob e a Mike, che per ammissione di quest'ultimo hanno una natura simile, la serie è piena di personaggi che si muovono tra questo e l'altro mondo in modo disinvolto, dando vita a una mitologia complessa che ricorda quella antica dei Greci e dei Romani, cioè con divinità che vivono in mezzo agli uomini determinandone o svelandone il destino.

Tra queste figure, ce ne sono alcune che sembrerebbero legate alla sfera del bene, o meglio alla fantomatica e luminosa Loggia bianca. Ma è meglio essere prudenti: il bene assoluto sembrerebbe un'astrazione senza significato, nella visione di Lynch. Di fatto, il bene assoluto non si vede mai (a parte l'apparizione di un paio di angeli, che però sono totalmente avulsi dalla storia), al contrario del male. Ci sono comunque alcuni personaggi che – per motivi non proprio chiarissimi – aiutano Cooper nelle sue indagini. A cominciare dal Gigante, che nella prima puntata della seconda stagione fornisce tre indizi utili all'agente dell'Fbi, ma soprattutto vuole guadagnarsi la sua fiducia per potergli infine rivelare l'identità del vero assassino. Con il Gigante compare sempre (o quasi) il Cameriere, e il legame che c'è tra i due non è esplicitato.

Nell'Episodio 16, quando viene risolto il caso, in particolare, il Cameriere si dimostra determinante: dà a Cooper una gomma da masticare che a Leland piaceva da bambino, e questo aiuta l'agente a ricordare il sogno in cui Laura rivelava l'identità del suo assassino: è suo padre, Leland.

Tra gli altri personaggi ultraterreni c'è l'enigmatica signora Tremond/Chalfont (si presenta con nomi diversi nel mondo reale, al quale non appartiene) e suo nipote Pierre, che studia per diventare mago. La prima dichiara in un'occasione a Donna (l'amica di Laura), che le porta un pasto a domicilio, che non vuole il mais. E questo forse la esclude dal circolo degli accaniti consumatori di garmonbozia. In *Fuoco cammina con me*, nonna e nipote si presentano davanti a Laura: la signora dà alla ragazza un quadro con una porta che le consentirà, in sogno, di entrare nella Stanza rossa; mentre il bambino le rivela la seguente verità: "L'uomo che si nasconde dietro una maschera (cioè Leland/Bob) sta cercando il quaderno con le pagine strappate (il diario segreto della ragazza)". Laura capisce e torna a casa, dove vede Bob che sta facendo quanto profetizzato. È in quest'occasione che Laura si rende conto per la prima volta che Bob in realtà è suo padre, è lui l'uomo dietro la maschera.

Chi siano i vari personaggi ultraterreni non è chiaro. Di certo si conoscono tra loro. All'inizio di *Fuoco cammina con me*, infatti, la signora Tremond/Chalfont e il nipote compaiono in una stanza (definita *convenience store*, cioè un minimarket) con Bob, Mike e altri: due boscaioli, un elettricista e un uomo che indossa una maschera bianca. Non ci sono né il Gigante, né il Cameriere, anche se poi il Gigante comparirà insieme al Nano nella Loggia nera, nell'episodio finale, e dirà "One and the same": i due potrebbero dunque essere la stessa entità o qualcosa del genere. Infatti i loro simboli compaiono insieme, uno affianco all'altro, nello strano disegno della caverna dei gufi. C'è da dire, però, che l'espressione "One and the same" è ambigua, perché il Gigante la pronuncia subito dopo un'apparizione del Cameriere (che tra l'altro faceva il verso del Nano, con la mano sulla bocca, lo stesso che si sente propagarsi attraverso le linee elettriche in *Fuoco Cammina con me*). Quindi la frase potrebbe riferirsi alla coppia Gigante/Cameriere, o a quella Nano/Gigante, o a entrambe. In quest'ultimo caso, l'interpretazione – a dir la verità un po' macchinosa – sarebbe la seguente: Mike, ravvedendosi dopo "aver visto Dio", si è tagliato un braccio generando una trinità: il Nano, che rappresenta più direttamente quel braccio e che vive solo nella Loggia nera; il Gigante, che come Mike si muove tra i due mondi; il Cameriere, che vive tra gli uomini. Tutti quanti sembrano avere un unico obiettivo: fermare Bob.

Il ruolo del Maggiore Briggs. Il Maggiore Garland Briggs è un ufficiale dell'aviazione che svolge un ruolo talmente segreto da non poterlo comunicare a nessuno. E questo lo rende enigmatico e impenetrabile, soprattutto nella prima stagione. Ma fin dall'inizio è chiaro da che parte sia: il Maggiore Briggs è associato al bene e alla Loggia bianca. Si potrebbero elencare molti esempi, ne citiamo solo due. Nell'Episodio 9, spronato dalla Signora del ceppo, il Maggiore aiuta l'agente a risolvere uno degli enigmi che gli aveva lasciato il Gigante ("i gufi non sono quello che sembrano"). E nell'Episodio 16 si presenta alla riunione che aveva organizzato Cooper in un locale per risolvere il caso: è lui, Briggs, che sorprendendo tutti fa entrare il Cameriere. E sarà proprio il Cameriere a fornire la chiave che permetterà a Cooper di risolvere l'enigma.

Immancabilmente professionale, colto, onesto, profondo, impeccabile, impenetrabile nel suo segreto, apparentemente freddo e razionale ma in realtà animato da grande passione, il Maggiore Briggs è, forse più di tutti i personaggi di *Twin Peaks*, chiaramente associato alla sfera del bene, senza ambiguità. All'inizio vive un rapporto di conflitto con il figlio Bobby, che al contrario ha un atteggiamento impulsivo e ribelle. Bobby era stato toccato dal male, cioè da Laura, ed era rimasto coinvolto. Rischiava di fare la scelta sbagliata, di passare dalla parte delle tenebre. Ma padre e figlio riescono a tornare in sintonia dopo che il primo racconta al secondo un sogno che ha avuto, in cui lo abbraccia e vede per lui un futuro luminoso. Il sogno in sé è non è particolarmente interessante. Piuttosto è importante il fatto che sia proprio un sogno – e non un discorso razionale – a permettere che si stabilisca finalmente un rapporto equilibrato tra i due. Con la conseguenza che, da quel momento, tutto comincia a girare meglio per Bobby, e la sua indole diventa meno violenta.

Il ruolo di Audrey. Tra i personaggi secondari di *Twin Peaks*, cioè non direttamente legati al nucleo della storia, Audrey Horne ha un ruolo particolarmente interessante. Bella, provocante, indipendente, abituata a sapere quello che vuole e ad averlo (è la figlia del ricchissimo imprenditore Benjamin Horne), Audrey si innamora dell'agente Cooper e decide di aiutarlo a risolvere il caso.

La ragazza innanzitutto si mette nei panni di Cooper, improvvisandosi agente con l'ambizione di risolvere il caso o comunque di fornire indizi utili (arriverà a sottoporre il padre Ben a interrogatorio e a denunciarlo alla polizia). Nel corso delle sue indagini, si ritrova a spiare attraverso un buco il padre che flirta con Catherine (Episodio 5). Una scena che richiama alla mente Norman Bates che spia la bella Marion Crane da un buco nel muro dietro un quadro, in *Pshyco*; e anche Jeffrey nell'armadio, in *Velluto blu*. Infatti poi Audrey finisce veramente dentro un armadio (Episodio 6), questa volta a spiare Emory Battis, il responsabile del dipartimento profumi dei magazzini Horne dove avevano lavorato Laura e Ronette Pulaski. Audrey ritroverà lo stesso Battis nel casino/bordello di suo padre, il One Eyed Jacks, legato e imbavagliato durante una sessione sado-maso (più ridicola di quella di *Velluto blu*, ma sempre di sadomaso si tratta, con tutte le implicazioni edipiche del caso).

Per finire, la giovane fanciulla si trova a un certo punto in un letto con suo padre, ed è costretta a coprirsi con una maschera bianca per non farsi riconoscere. Il padre, ignaro, di fronte a questo "gioco" va su di giri: "Tu sai come eccitare un uomo", le dice con enfasi. Ecco che Audrey, mettendosi sulle tracce di Laura, si trova nella stessa situazione incestuosa (torna anche il simbolo della maschera). E ne uscirà viva per miracolo.

Che fine fa l'agente Cooper? In altre parole: che cosa succede nella Loggia nera nell'ultima puntata? A grandi linee, le cose vanno così. Cooper entra e si trova inizialmente in un'anticamera, dove incontra il Nano e Laura che gli fanno una profezia. Il Nano spiega all'agente che qui incontrerà i doppi delle persone (i già citati *doppelgänger*), Nano compreso. A questo punto Cooper entra nella loggia e incontra vari personaggi e/o i loro doppi. Dietro il volto di Laura Palmer che urla si ritrova di fronte a Windom Earle, che lo sfida (Earle chiama in causa, nel mondo reale, anche il Maggiore Briggs, per attirarlo nella Loggia). Cooper ha paura e scappa. Ma deve confrontarsi con Earle, che lo vuole pugnalare. Così Cooper si trova pugnalato prima ancora che ciò accada (il tempo, lo ricordiamo, non scorre in maniera lineare nelle logge). Ma, soprattutto, Cooper cade nella trappola quando vede Annie, la ragazza di cui si era innamorato, che era stata rapita e portata nella Loggia nera da Earle. È un attimo. Nel vedere Annie, Cooper è costretto a confrontarsi con il rimorso di coscienza per la morte di Caroline, l'ex moglie di Earle di cui abbiamo già detto. Poiché nella

Loggia nera le emozioni, gli incubi e le memorie si personificano, ecco apparire Caroline, poi di nuovo Laura. Infine Windom Earle che chiede a Cooper l'anima in cambio della vita di Annie. Cooper accetta, Earle lo pugnala (realizzando così la situazione della scena precedente – un destino già segnato, o forse semplicemente la classica "profezia che si autoavvera", semplicemente perché non si ha il coraggio di credere in un destino diverso) e pretende la sua anima. Ma a questo punto si materializza Bob e ammonisce che Earle non ha il diritto di prendere l'anima di Cooper. Quindi si impossessa lui di quella di Earle, mentre Cooper ha paura e scappa. Ma ecco che dalla paura dell'agente si materializza il suo doppio, che subito si unisce a Earle (ormai privato dell'anima) e a Bob in un ghigno satanico. Il nuovo Cooper insegue quello vero e lo raggiunge. Risultato: il "buon Dale" resta intrappolato nella Loggia (come rivela Annie a Laura, in sogno, in *Fuoco cammina con me*) mentre il suo *doppelgänger* va nel mondo reale.

Che cosa rappresentano i *doppelgänger*? È interessante rispondere con le parole di Greg Olson: "Freud credeva che mostri e *doppelgänger* fossero proiezioni delle nostre paure subconscie e dei desideri inaccettabili: materiale psichico oscuro che Jung chiamò l'ombra, che siamo riluttanti ad accettare come nostro". Un tema che Lynch affronterà in maniera approfondita, sebbene in modo diverso, anche nei suoi ultimi tre film.

Storie rimaste in sospeso. La serie è ricchissima di storie, alcune delle quali sono rimaste in sospeso per ragioni non sempre chiarissime, probabilmente in vista di sviluppi futuri.

• Judy. È un personaggio femminile citato più volte, ma nessuno può dire con certezza chi sia. Certamente ha a che fare con l'agente scomparso Phillip Jeffries (David Bowie), che quando si materializza davanti a Gordon Cole nella sede dell'Fbi (in *Fuoco cammina con me*) per prima cosa dice: "Non ho intenzione di parlare di Judy". E finisce lì. Il nome di Judy torna misteriosamente in altre occasioni. Per esempio lo pronuncia la scimmia che compare nel finale di *Fuoco cammina con me*, subito dopo che il Nano ha mangiato la garmonbozia. E nell'Episodio 21, sotto l'effetto della droga, il Maggiore Briggs nomina senza apparente motivo Judy Garland, l'attrice del *Mago di Oz*. Potrebbe essere una semplice citazione;

ma sarebbe strano. Qualcuno nota che Briggs si chiama Garland di nome ed è stato nella Loggia bianca, dove potrebbe aver incontrato Judy (Curiosamente e per inciso, Judy è anche il nome di una delle due identità della protagonista di *Vertigo* di Hitchcock). La figura di Judy compare anche nelle scene tagliate (e poi rilasciate) di *Fuoco Cammina con me*, senza che però ne emerga una linea narrativa chiara e degna di essere raccontata.

• L'anello. Restano alcuni dubbi intorno all'anello: Che cosa rappresenta veramente? Perché – nel racconto dell'agente scomparso Jeffries in *Fuoco cammina con me* – il Nano pronuncia davanti a Bob la frase: "Con questo anello io ti sposo"? E perché Cooper dice a Laura di non indossarlo, se poi è proprio l'anello a salvarla?

• I gesti di Laura Palmer. I gesti che fa Laura Palmer a Cooper nella Stanza rossa/Loggia nera non sono comprensibili. Sappiamo che Lynch ama ogni forma di linguaggio, i gesti e i messaggi segreti, com'è dimostrato anche dalla performance di Lil di fronte agli agenti Desmond e Stanley in *Fuoco cammina con me*. I gesti di Lil, però, sono spiegati nel dettaglio, mentre non c'è traccia del significato di quelli di Laura.

• I gufi. Compaiono spesso in *Twin Peaks* ma non è chiaro che cosa siano. Sappiamo, come rivelano il Gigante e il Maggiore Briggs a Cooper all'inizio della seconda stagione, che "I gufi non sono quello che sembrano". E sappiamo che Bob è associato a un gufo, perché le teste dello spirito maligno e di uno di questi rapaci si sovrappongono nel sogno di Cooper alla fine dell'Episodio 9. Ma i gufi compaiono anche quando il Maggiore Briggs scompare nella foresta, risucchiato da una luce intensa che parrebbe emanata dalla Loggia bianca. Negli ultimi episodi, nel petroglifo della caverna, si vede un gufo in mezzo a lingue di fuoco: è esattamente la visione che ha avuto il Maggiore Briggs quando è scomparso nella luce. Per finire, nell'anello magico, quello che ha indossato anche Laura Palmer, è incastonata una pietra sulla quale è inciso il simbolo di un gufo.

• Luce bianca. Compare sempre con un significato positivo, una sorta di accesso al paradiso, che si verifica di solito alla fine di un film (per esempio *Fuoco cammina con me*, *Eraserhead* e *Velluto blu*).

• Esseri ultraterreni. Molte cose restano da chiarire, in particolare sui personaggi nel *convenience store*, all'inizio di *Fuoco cammina con me*.

• Ronette Pulaski. La ragazza resta in coma per tutta la prima stagione e l'inizio della seconda, fino al momento in cui Cooper e Truman le fanno riconoscere il volto di Bob. Poi ricompare nell'ultima puntata (quella diretta da Lynch) per testimoniare ancora una volta su quanto accaduto durante l'omicidio di Laura. Ronette, in particolare, riconosce l'odore di olio bruciato, una delle chiavi d'accesso alla Loggia nera. Così com'è, però, il personaggio è poco più che una comparsa: non è per niente sviluppato e sarebbe interessante se lo fosse in futuro.

• Che fine fa Josie? Muore per un arresto cardiaco – sembrerebbe – mentre ha puntate contro di sé le pistole di Cooper e dello sceriffo Truman. Sul luogo dove giace il corpo della donna, Cooper vede Bob e il Nano, che come sappiamo si nutrono di "dolore e sofferenza", dunque potrebbero trovarsi lì per quello (potrebbero essere arrivati attraverso un varco per la Loggia nera, perché la paura "apre le porte"). Alla fine della donna resta un corpo che pesa solo 29 chili, come stabilisce l'autopsia. Ma la sua anima rimane intrappolata nel legno, al Great Northern Hotel, e anche questa è una storia lasciata in sospeso.

• Tra l'altro la vicenda lascia aperto un sospetto, che anche l'anima del marito della Signora del ceppo sia rimasta intrappolato nel pezzo di legno che la donna porta sempre con sé. C'è anche chi insinua che il marito della Signora del ceppo sia uno dei personaggi del *convenience store*.

• Che fine fa Audrey Horne? Dopo essersi separata dall'uomo che ama, John Justice Wheeler, Audrey rimane vittima di uno sfortunato incidente. Legata alle sbarre del deposito di una banca, resta vittima di un'esplosione architettata dal perfido Thomas Eckhardt (l'amante storico e segreto di Josie) ai danni di Andrew Packard (l'ex marito della stessa donna). Non possiamo che sperare che si sia salvata per miracolo, e con lei Andrew e Pete, che si trovavano nello stesso luogo.

• Che fine fa Ben Horne? Il padre di Audrey era stato ferito alla testa dal dottor Will Hayward, nel drammatico momento in cui aveva svelato di essere lui (e non Will) il padre di Donna. Le sue condizioni di salute sono rimaste in sospeso.

• Il Maggiore Briggs. Nell'ultima puntata, al Double R Diner, Sarah Palmer porta un messaggio di Windom Earle al Maggiore Briggs (mal tradotto nella versione italiana dell'episodio): "Sono nella Loggia nera con Dale Cooper. Ti sto aspettando...". Ma di Briggs non c'è traccia nella Loggia nera, e l'invito resta in sospeso.

• Il destino di Cooper. Come abbiamo detto, il "buon Dale" rimane intrappolato nella Black Lodge, mentre la sua "ombra" torna a Twin Peaks. Una situazione foriera di sviluppi.

• Dov'è finita Laura Palmer? Il suo destino sembrerebbe nella Stanza rossa con Cooper, una strana fine per due che non si sono mai incontrati nel mondo reale. Ma la profezia che fa Laura a Cooper, appena quest'ultimo entra nella loggia, è chiara: "Ci rivedremo tra 25 anni".

Percorso cinematografico consigliato

- *Corti surrealisti*
  Utili per identificare alcuni elementi – pistole, cornette del telefono, giradischi, tempo che scorre al contrario – che Lynch usa per "parlare" al subconscio dello spettatore.

- *Vertigine* (1944)
  Anche qui la protagonista si chiama Laura, ha un diario segreto, un ritratto e il detective che indaga sulla sua morte si innamora di lei (ma a un certo punto si scopre che Laura non è morta: al posto suo è stata uccisa una donna di nome Diane... come la protagonista di *Mulholland Drive*).

- *Sunset Boulevard* (1950)
  Non ha molti legami con *Twin Peaks*, ma qui compare un personaggio secondario chiamato Gordon Cole, che ha ispirato il nome del superiore di Dale Cooper (interpretato dallo stesso Lynch).

- *Vertigo* (1958)
  Compare qui, tra le altre cose, il tema del "doppio": la protagonista, secondo i casi e le convenienze, si materializza nelle spoglie della bionda Madeleine Elster o in quelle della bruna Judy Barton.

- *Psycho* (1960)
  In questo giallo, Norman Bates uccide Marion Crane e la avvolge nella tendina della doccia. Anche Laura Palmer viene avvolta in un telo di plastica dal suo assassino.

- *Persona* (1966)
  Le tende presenti nella casa in cui si svolge gran parte del film sembrano delimitare uno spazio psicologico (quello della protagonista): un'idea che ricorda la Stanza rossa di *Twin Peaks* e la casa di Fred in *Strade perdute*.

- *Anche i nani hanno cominciato da piccoli* (1970)
  Protagonista un gruppo di nani pestiferi, che al culmine della loro azione distruttrice costringono un mezzo a girare in tondo senza sosta; un'idea presente in *Twin Peaks*.

- *Velluto blu* (1986)
  In questo film sono presenti molte tematiche – come il sesso, la violenza, il fuoco, l'elettricità e il mistero – che si ritrovano in *Twin Peaks* e in altri film di Lynch.

- *Industrial Symphony n° 1* (1990)
  In questa rappresentazione teatrale d'avanguardia con musiche di Angelo Badalamenti e di Julee Cruise, compaiono personaggi e temi di *Twin Peaks* e *Cuore selvaggio*. Una storia d'amore interrotta con tanto di nani, giganti, cervi, alberi, seghe, fuoco, elettricità, apparizioni angeliche.

- *Cuore selvaggio* (1991)
  Questo film, che è stato girato tra la prima e la seconda stagione di *Twin Peaks*, sviluppa in particolare il tema del fuoco. Ci sono anche altri temi e alcuni attori in comune con la serie tv.

- *Hotel Room* (1993)
  Nel primo dei tre episodi della miniserie tv, due amici singolari, Lou e Moe, condividono una stanza d'albergo e una prostituta. Il tema del doppio è presente fin dall'inizio. Ma alla fine si intuisce che si tratta di uno sdoppiamento di personalità, simile a quello Leland/Bob in *Twin Peaks*.

CAPITOLO 5.
UN UNIVERSO INTERIORE: *ERASERHEAD*

Eraserhead è il primo film vero e proprio di David Lynch. Ed è il più intimo, il più personale, il più enigmatico della sua produzione. Per molti, è anche il più bello. Il regista stesso, dal canto suo, ha dichiarato di non aver "pensato", ma piuttosto "sentito", questo film. Quando uscì, i giornali scrissero che non si era mai visto prima niente del genere.

Di che cosa parla. È la storia di un uomo di nome Henry Spencer, la cui vita è stravolta dalla nascita di un bambino. Il figlio è presentato come un essere mostruoso, e tutta la vicenda è composta da un mix difficilmente districabile di realtà e di sogno. Alla fine il protagonista uccide la creatura e, a sorpresa, guadagna l'accesso a uno stato di beatitudine, una specie di paradiso. Di questo personaggio, David Lynch ha detto: "Henry è assolutamente persuaso che stia accadendo qualcosa, ma non ha una piena comprensione degli eventi. Osserva le cose molto, molto attentamente, poiché tenta di farsene un'idea".

Premessa. È utile ricordare alcuni elementi che sono entrati nella realizzazione del film:

• Qualche idea del precedente mediometraggio *The Grandmother*.

• La sceneggiatura di un altro mediometraggio astratto, mai realizzato, *Gardenback*. Si trattava di una storia di tradimenti: un uomo guarda una ragazza, se ne innamora e nella sua testa c'è come un insetto in un attico. Un insetto che diventa sempre più grande fino a espellere l'uomo dalla casa.

• Alcune esperienze personali molto forti che il regista visse in quegli anni: il matrimonio, la paternità, il divorzio, la conversione alla meditazione trascendentale. Più si approfondisce la vita privata del regista, e più si vede il film, più si ha l'impressione che *Eraserhead* sia in ultima analisi il racconto – in forma artistica e quindi sublimata, indiretta – della vita interiore di Lynch negli anni di Filadelfia.

La storia. L'inizio è importante, lo ha detto lo stesso Lynch. E il film comincia con un'immagine che è la sovrapposizione tra la testa di Henry Spencer – con la sua straordinaria capigliatura e lo sguardo allucinato – e un pianeta. La testa del protagonista si muove ed esce dal campo visivo. Resta il pianeta, che lentamente si avvicina. C'è uno stacco, in seguito al quale la telecamera scorre sulla superficie del corpo celeste in un modo che ricorda il movimento della navicella spaziale sulla Luna in *2001: Odissea nello spazio* (quando il dottor Floyd va in missione sul nostro satellite per vedere il misterioso monolito nero appena scoperto). La scena si sposta poi in quello che sembra un centro di controllo, in cui un uomo deturpato, che ha di fronte a sé una leva, guarda una finestra dai vetri rotti. È l'Uomo nel Pianeta. Torna l'immagine di Henry Spencer, che apre la bocca in segno di terrore mentre un vermiciattolo assimilabile a uno spermatozoo sembra uscirgli dalla gola e si affianca al suo volto. A questo punto l'Uomo nel Pianeta – una specie di demiurgo, che richiama alla mente la figura dello Scienziato (Bela Lugosi) in *Glen or Glenda* (1953) – aziona una leva, e lo spermatozoo parte. L'uomo aziona un'altra leva, poi un'altra ancora, finché lo spermatozoo cade in una pozza liquida e la feconda.

L'inizio, dunque, ci mostra una fecondazione. Infatti è proprio la paternità del protagonista al cuore del film. Il parallelo con *2001: Odissea nello spazio* si spinge oltre la ripresa citata sopra e interessa anche l'idea – certamente implicita nel film di Kubrick, e dunque ipotetica – di pianeta associato all'ovulo, e quindi alla maternità. C'è infatti una fase, in *2001: Odissea nello spazio*, in cui le immagini astronomiche diventano organiche e uno spermatozoo simile a una cometa sembra viaggiare alla ricerca di un ovulo. Avviene durante il "viaggio" visionario del protagonista, e dunque in sé non ha nulla a che vedere con lo spazio cosmico. Ma dopo non molto prende forma nel finale l'immagine di un feto a guisa di pianeta. Comunque l'abbia pensata Kubrick, è probabile che Lynch l'abbia vista così. Di certo, il pianeta di *Eraserhead* è un ovulo che viene

La curiosità

In almeno un'occasione, Stanley Kubrick ha dichiarato che *Eraserhead* era il suo film preferito, come racconta lo stesso Lynch nel suo libro *In acque profonde*.

fecondato da uno spermatozoo. E infatti, dopo una breve pausa di oscurità, la scena successiva è una nascita. La telecamera esce dall'utero e inquadra, in una memorabile scena, Henry Spencer di spalle, con il volto girato all'indietro, cioè verso noi spettatori. Lo sguardo è torvo, sembra celare un segreto scabroso.

Henry Spencer si mette in cammino in un paesaggio industriale tossico, disumano, degradato. È l'ambiente che il regista ha incontrato a Filadelfia, il lato oscuro del progresso, l'esatto contrario della perfezione tecnica di *2001: Odissea nello spazio*. Quando Henry arriva a casa, abbiamo la prima sorpresa: l'ingresso del condominio assomiglia alla Stanza rossa di *Twin Peaks*. È simile il pavimento, e anche l'arredamento, che è costituito da una poltrona, un divano e una lampada, oltre a un paio di luci.

Nell'ascensore, la luce va e viene. Segno, nel linguaggio di Lynch, che qualcosa va storto, che un'energia "negativa" si aggira nell'ambiente. Quest'idea, che avrebbe dovuto caratterizzare il film (mai uscito) *Ronnie Rocket*, è presente anche in *Velluto blu* e *Twin Peaks*, soprattutto nel prequel *Fuoco cammina con me*. In *Eraserhead* l'idea c'è, ma è appena accennata.

Quando Henry arriva a casa, l'avvenente Signora dell'Appartamento di Fronte lo informa che la sua ragazza ha chiamato per invitarlo a pranzo. Henry appare turbato. Entra in casa (la sua stanza è la n° 26, come quella di Fred in *Strade perdute*) e accende la luce. Si nota subito un giradischi (come in *Meshes of the Afternoon, Twin Peaks, Inland Empire*) accanto alla porta. Henry tira fuori la spesa e mette su un disco. Poi si siede sul letto e si toglie le calze. A questo punto la musica cambia e l'inquadratura si sposta verso il termosifone. Lynch sta caratterizzando l'ambiente. Come in *Velluto blu*, c'è qualcosa di nascosto, un'energia che scorre sotto il pavimento, negli interstizi, nelle tubature. È un attimo e passa. Poi Henry si reca all'armadio e tira fuori una foto strappata della sua ragazza, Mary X: è evidente che hanno litigato.

A questo punto comincia quello che potrebbe essere un sogno, a causa degli elementi decisamente surreali che lo contraddistinguono. Henry si incammina per raggiungere Mary X. Un cane che abbaia è il primo segnale di una minaccia incombente, così come gli sbuffi di vapore ovunque attorno a lui. Quando arriva, Henry e Mary X si confrontano sulla soglia. Lei gli dice che lui è in ritardo, lui le rinfaccia di essere sparita, di non farsi vedere più. È chiaro che la coppia non funziona. A un certo punto arriva e si presenta Bill, il padre di Mary. Dice che ha cucinato il pollo, e che fa l'idraulico da trent'anni. Si vanta di essere stato lui ad aver installato tutte le tubature della città, e mentre lo dice le sue parole sono sommerse dai rumori industriali, che crescono di volume fino a divenire assordanti. Come se tubi, sbuffi e vapori avessero voluto reagire, facendo sentire forte e chiara la loro voce. Questa idea, che tubi e fili elettrici rappresentino il sistema circolatorio e quello elettrico di una città (nonché vie di passaggio per forze oscure e sovrannaturali), è spesso presente nei primi film di Lynch.

Comunque sia, la cena è raccapricciante. I dialoghi sono surreali. Ma, soprattutto, quando Henry poggia la forchetta sul suo pollo, questo si "anima": le zampe cominciano a muoversi e una poltiglia simile a ketchup (ma ricorda il sangue) fuoriesce copiosamente e rumorosamente. La Signora X ha una reazione che è un misto di disgusto e di orgasmo, poi va in cucina. Quando torna, chiede a Henry se può parlargli un minuto. Henry accetta ma resta ancora per qualche istante a guardare il Signor X che lo fissa con il sorriso stampato sulla faccia (ricorda quello di Mr. Alexander su Alex in *Arancia Meccanica*). Dietro di lui, la figlia piange. Qualcosa non va.

Henry si alza, si dirige nel soggiorno, dove c'è la Signora X. Ma la luce va e viene, poi va via del tutto. È buio: le forze del male stanno prevalendo. La Signora X, infatti, gli mette una mano sulla spalla e lo porta in un angolo. "Tu e Mary avete avuto rapporti sessuali?", gli chiede. Henry cerca di eludere la domanda, la Signora X insiste: "Sarai nei guai se non collabori", gli si avvicina e lo bacia sul collo. Anche questo è un tema tipico di Lynch, quello dei rapporti sessuali deviati, soprattutto all'interno della famiglia (come in *The Grandmother, Cuore selvaggio e Twin Peaks*). In *Eraserhead*, questa situazione dura poco. Henry grida "Mary!". La fidanzata arriva e tutto finisce. Giunge, però, la sorpresa: c'è un bambino in ospedale. Henry si lamenta: "Non è possibile, è appena passato..." (particolare che fa sospettare un aborto). Mary dice: "Non è sicuro che sia un bambino". E la madre conclude: "È prematuro, ma è un bambino". I due devono sposarsi.

A Henry esce sangue dal naso. La telecamera inquadra la cagna che allatta e guaisce, poi fugge dalla finestra. Stiamo varcando il confine del sogno... o forse stiamo solo facendo un salto nel tempo. O forse tutte e due le cose. La scena successiva è infatti ambientata nell'appartamento di Henry Spencer, con Mary che dà da mangiare al bambino, una creatura mostruosa. La madre mostra poca pazienza. Henry scende e va alla buca delle lettere, dove trova un pacchetto. Il protagonista esce ad aprirlo, e lo fa proprio di fronte a un ingresso che porta il numero 27, lo stesso della stanza della Signora dell'Appartamento di Fronte. Nella microscatola Henry trova un seme, che nasconde in una tasca. È qualcosa di segreto: quando il protagonista rientrerà in stanza, infatti, negherà a Mary di aver trovato alcunché.

Nel rientrare, però, Henry si trova per un momento accanto al suo giradischi che va avanti a vuoto... c'è su ancora il disco che il protagonista aveva acceso quando era arrivato a casa, all'inizio del film? Sembrerebbe di sì, e allora è lecito pensare che siamo in un sogno, all'interno del quale è entrato questo elemento. Un elemento che nel linguaggio di Lynch sottintende qualcosa di patologico. Infatti compare anche in *Twin Peaks*, in concomitanza con gli omicidi di Leland/Bob (*v. Appendice*).

La stanza di Henry è straordinaria. È piena di particolari studiati nel dettaglio, in modo che l'ambiente risponda al mondo interiore del personaggio. Oltre alla lampada, al giradischi, al termosifone e all'armadio con il suo tempietto, sul comodino a fianco del letto c'è un mucchio di terra dal quale spunta una pianta, simbolo forse del sogno coltivato dal protagonista. E sopra il comodino c'è la foto di un'esplosione nucleare, che si può leggere ancora una volta come una critica al progresso tecnologico (e una citazione del *Dottor Stranamore* di Stanley Kubrick).

Viene la notte. Henry pone, di nascosto, la sua larva (è un seme di tradimento) nel tempietto situato sul suo armadio. Mary, girata dall'altra parte, non dorme. Henry s'infila nelle coperte. Cerca la compagna, lei rifiuta. Alla fine quest'ultima non ne può più e se ne va, abbandonando Henry con il bambino. Appena la moglie esce, si materializza la Signora dell'Appartamento di Fronte, segno che il protagonista pensa sempre a lei. Poi Henry si alza, misura la temperatura al bambino e trova che non ha la febbre. Ma al fotogramma successivo il piccolo è pieno di pustole e malato. Henry torna a dormire.

Nel cuore della notte, una luce si accende e si apre un sipario. Una dopo l'altra, si accendono sei lampadine. Compare una donna bionda, ma deformata, con le guance enormi e granulose, che si mette timidamente a ballare tenendo le mani sullo sterno, una nell'altra. Lo sguardo è dolce, rievoca vagamente quello di Giulietta Masina nella *Strada*. È la Donna nel Termosifone, che comparirà altre volte nel film. Il sogno diventa incubo, sempre legato al tema della paternità. Si passa di visione in visione, fino a quando Henry, nel cuore della notte, è pronto per la sua avventura. Infatti bussano alla porta ed è la Signora dell'Appartamento di Fronte, che esce dall'oscurità. È bellissima, è una dea. Ma è una forza oscura. Henry la fa entrare, lei si spoglia, fanno l'amore. Sprofondano nelle lenzuola come in una vasca di latte, sempre più giù, fino a scomparire...

La Signora dell'Appartamento di Fronte riappare ed è spaurita. Poi torna la Donna nel Termosifone che canta: "In paradiso tutto va bene"... A questo punto segue una sequenza onirica in cui la tensione sale fino al punto che la testa di Henry letteralmente salta e finisce in un lago di sangue. La scena è splatter, alla Tarantino, attutita solo dal fatto di essere girata in bianco e nero. E quando il nero del sangue ha riempito lo schermo, la testa vi cade dentro. E la scena cambia. Da splatter, si fa surreale. La testa casca infatti in mezzo a una strada e si rompe, lasciando scoperto il cervello. Un ragazzino la raccoglie e la porta in una fabbrica di matite: qui un addetto estrae un cilindretto di materia cerebrale e lo inserisce in una macchina. Il cervello di Henry diventa così gomma per matite. L'addetto ne prende una a fine lavorazione per effettuare un test. Fa un segno su un foglio e lo cancella: funziona. Il proprietario paga allora il ragazzo, mentre l'addetto raccoglie i resti del suo gesto – il pulviscolo di gomma – e li lancia con il dorso della mano nell'aria. Una nuvola di detriti bianchi volteggia nello spazio.

Henry si sveglia, illuminato dalla luce del sole. Al fotogramma successivo è già vestito che guarda il suo letto, dove il posto della moglie è vuoto. Pensa sempre alla vicina. Quando sente i suoi passi si alza e va alla porta. Ma la donna non è sola, sta entrando in casa con un uomo. Henry sembra immaginare che la vicina lo veda con la testa del figlio deforme. È geloso e vittima di se stesso, della situazione in cui si trova. Decide allora di tagliare le fasce che avvolgono il figlio deforme. Ha un attimo di esitazione, ma non si ferma. Con orrore ci accorgiamo che le fasce non avvolgono propriamente il piccolo mostro: sono la sua pelle. Il corpo si apre come un ingranaggio organico, mostrando le interiora. Henry, per nulla pentito, affonda il colpo con le forbici e una grande quantità di materia comincia a fuoriuscire dal corpo della vittima: sangue, altri fluidi, un pastone simile a polenta (può ricordare la garmonbozia di *Twin Peaks*). Le linee elettriche hanno un sussulto: la luce della lampada si accende e si spegne. C'è tensione, la stanza è invasa da energia negativa. La faccia del figlio, sempre più grande, inonda la stanza. Sembra tutto finito. Ma il pianeta riappare. Si rompe. Henry torna avvolto dalla luce e dalla polvere: la mente che cancella. Torna l'Uomo nel Pianeta, ma le sue leve che liberano scintille non hanno ormai più potere. La luce invade lo spazio. E, nella luce, compare la Donna nel Termosifone: ora finalmente raggiunge e abbraccia Henry, che le si abbandona chiudendo gli occhi. È lei la sua salvezza. "Eh sì, Henry va in paradiso", ha detto Lynch nel 1980 in un'intervista.

Considerazioni finali. In questo film Lynch mette in scena una quantità straordinaria di idee, tipiche del suo mondo interiore e di tutta la sua produzione successiva: l'amore, il tradimento, la maternità/paternità, la violenza, l'elettricità, il sogno, la redenzione, l'arrivo alla luce finale.

• Certamente alcune parti del film suggeriscono che ci si trovi, almeno in quelle parti, in un sogno. Ma alla fine tutto potrebbe essere un sogno, con la possibile esclusione della parte iniziale.

• Inizialmente il film era pensato in modo diverso. La sceneggiatura originale, infatti, si concludeva con la morte del bambino/mostro. In questo senso era più simile a *Gardenback*, di cui abbiamo detto. Il cambiamento fu dovuto al fatto che, mentre realizzava il film, Lynch si convertì alla meditazione trascendentale. Era il 1973. Questo cambiò il suo modo di vedere le cose, e portò al lieto fine in cui per il protagonista c'è una via di salvezza.

• In quegli anni, la figlia di Lynch era venuta al mondo con una malformazione ai piedi che aveva richiesto un delicato intervento chirurgico. Questo episodio potrebbe essere alla base dell'idea del feto deforme.

• L'identificazione tra Henry e il regista, e di conseguenza l'interpretazione autobiografica del film, è rafforzata dal fatto che il primo è impiegato alla tipografia La Pelle di Filadelfia, dove ha lavorato anche Lynch da giovane. Da qui la sua passione per le lettere e l'alfabeto.

Che cos'è, allora, *Eraserhead*? È un lungo e tormentato viaggio interiore. Gran parte della vicenda si svolge infatti nell'appartamento di Henry, che già in sé è un'espressione del mondo interiore del protagonista. La vicenda inizia con un trauma – un timore, un rimorso, un pensiero che diviene ossessivo – legato alla paternità. E si conclude con la presa di coscienza e l'uccisione del pensiero, liberando così la strada che porta alla salvezza, alla luce.

Che cos'è il pianeta? Come abbiamo visto, rappresenta l'ovulo. Ma anche la maternità/paternità (in quanto ovulo fecondato). Infatti il simbolo compare anche durante il rapporto tra Henry e la Signora dell'Appartamento di Fronte, che ne ha paura. E, alla fine, uccidendo il figlio, Henry distruggerà anche il pianeta, che per tutto il film è stato una presenza inquietante.

Che legame c'è tra Henry e la vicina? Un legame forte e determinante. Più che dal rapporto di Henry con la sua ragazza, infatti, il film è scandito da quello con la Signora dell'Appartamento di Fronte. È lei la prima donna che Henry incontra (e lo informa che Mary X ha chiamato), lei che gli "regala" la larva simbolo del loro futuro rapporto, lei che indirettamente sembra dar corpo alla fantasia della Donna nel Termosifone (che si manifesta per la prima volta quando Henry riceve la larva), lei che si unisce a lui nell'unica scena di sesso del film, e che poi lo abbandona per andare con altri uomini, ferendolo. Ed è, infine, proprio come reazione a questo tradimento che Henry prende le forbici e uccide la sua creatura.

Chi è l'Uomo nel Pianeta? C'è chi lo ha paragonato a un burattinaio, che controlla il destino di Henry. Potrebbe rappresentare il Fato, che determina come da una cellula che ne incontra un'altra possa nascere la vita, e che alla fine del film il protagonista sconfigge per raggiungere una nuova dimensione ultraterrena.

Chi è la Donna nel Termosifone? Una fantasia di Henry, che però – nell'ottica del film – lo porta alla salvezza. Potrebbe essere questo, dunque, il motivo per cui alla fine per Henry la salvezza sembra venire da dentro, da un'esperienza interiore. "La Donna nel Termosifone non c'era nella sceneggiatura originale", ha detto Lynch. "Era un film molto cupo finché non è spuntata lei".

Percorso cinematografico consigliato

- *Il Gabinetto del dottor Caligari* (1920)
  In questo film muto di Robert Wiene, le ambientazioni riflettono lo stato d'animo dei personaggi: un'idea che compare anche in *Eraserhead*.

- *Glen or Glenda* (1953)
  In questo film, che un critico ha definito "il più brutto della storia", la figura dello Scienziato che presenta gli avvenimenti è paragonabile a quella dell'Uomo nel Pianeta in *Eraserhead*.

- *La finestra sul cortile* (1954)
  Lynch apprezzava l'abilità di Hitchcock, in questo film, di ricreare un intero mondo a partire dalla stanza in cui è imprigionato il protagonista. Qualcosa del genere avviene anche in *Eraserhead*.

- *Mon Oncle* (1958)
  L'ambiente industriale, gli sbuffi, i vapori, le macchine e gli effetti sonori di Jacques Tati sono serviti da ispirazione per molti film di Lynch, a cominciare da *Eraserhead*.

- *2001: Odissea nello spazio* (1968)
  Il film di Lynch, soprattutto all'inizio, ha alcuni elementi che richiamano il capolavoro di Kubrick.

- *The Grandmother* (1970)
  È la storia di un bambino maltrattato dai genitori, che trova una via di fuga immaginando una nonna che vive in soffitta. La nonna viene partorita da una pianta che assomiglia a quella che compare in *Eraserhead*, quando Henry letteralmente perde la testa in mezzo a grandi quantità di sangue.

CAPITOLO 6.
THE ELEPHANT MAN, IL FASCINO DEL DEFORME

Dopo il successo di *Eraserhead*, Lynch fu chiamato da Mel Brooks a dirigere *The Elephant Man*, la storia di un uomo affetto da gravi deformità, vissuto nell'Ottocento e usato come fenomeno da baraccone. Il nostro fu preso alla sprovvista, perché aveva appena completato la sceneggiatura del film successivo che avrebbe voluto girare, *Ronnie Rocket*. Ma il tema gli andava a genio e quella di Mel Brooks era un'offerta che non poteva rifiutare. Risultato: *The Elephant Man* uscì e fu un successo. *Ronnie Rocket*, invece, entrò nel limbo dei film-che-vorresti-tanto-girare-ma-che-chissà-perché-non-gliene-frega-niente-a-nessuno.

***Ronnie Rocket*, il film che non c'è.** Infatti *Ronnie Rocket* rimase a lungo nella mente del regista che, fino a tutti gli anni '90 (e anche dopo), avrebbe voluto girarlo. Lo dimostra il fatto che, nel sito www.lynchnet.com, sono presenti due sceneggiature di quest'opera, una più vecchia chiamata *Ronny Rocket*, e una più recente: *Ronnie Rocket*. Alla fine non se ne fece niente, anche se Lynch continuava a dichiarare che un giorno, forse, chissà... Fatto sta che molte delle idee alla base di *Ronnie Rocket* non sono andate perse; sono confluite in altri film. A cominciare dal tema della deformità e dall'attore Michael J. Anderson, che Lynch conobbe in occasione del casting di questo film e che è poi diventato l'indimenticabile Nano di *Twin Peaks*.

La storia di *Ronnie Rocket*, scrive Greg Olson, verte su "un nano con i capelli rossi ed elettricità a corrente elettrica alternata di 60 Hz (lo standard americano), un piccolo *idiot savant* che diventa una stella del rock'n'roll". Doveva essere una sorta di commedia dell'assurdo, ambientata in un mondo di megafabbriche. "Un mistero sulle strane forze dell'esistenza", lo ha definito Lynch, ribadendo che si parlava di elettricità: un tema toccato anche in *Eraserhead, Velluto blu* e *Fuoco cammina con me*. A sottolineare la "presenza" di *Ronnie Rocket* in *Twin Peaks*, si può citare un altro particolare: ricordate RR Diner, il caffè fulcro della vita sociale nella cittadina di Laura Palmer? Ebbene, il nome deriva proprio dalle iniziali di Ronnie Rocket.

Forti contrasti. Nel cinema, nell'arte e nella religione, il deforme è spesso un'importante chiave d'accesso al subconscio. E non c'è film di Lynch in cui questo tema non sia almeno sfiorato. A cominciare da *The Elephant Man*: qui la deformità è presentata come un estremo della condizione umana, con il quale tutti si confrontano ma nessuno, o quasi, riesce a relazionarsi. Il primo a essere in difficoltà è il dottor Treves, il medico che strappa il povero John Merrick, cioè l'uomo-elefante, dalle grinfie del malvagio Bytes. Infatti nemmeno Treves è immune da accuse, in quanto sospettato di prendersi cura di Merrick per interessi personali, cioè per progredire nella propria carriera. Significativo, a tal proposito, il diverbio tra Treves e Bytes sulle scale dell'ospedale, quando il primo cerca di trattenere il paziente mentre il secondo lo rivuole indietro: "Lei non è meglio di me!", sbraita Bytes al dottore. Non ha ragione, eppure le parole colpiscono nel segno, e il buon Treves rischierebbe di uscire sconfitto dal duello verbale se non arrivasse il direttore dell'ospedale, Mr. Carr Gomm, a risolvere la situazione.

Alla fine Treves è comunque colui che salva Merrick, la persona a cui l'uomo-elefante deve di più. L'interessato ne è consapevole, e lo mostra alla fine del film: "Sono felice ogni ora del giorno, amico mio", dice Merrick a Treves. "Anche se dovessi sapere di morire domani [come accadrà, *nda*] la mia vita è bella, perché so di essere amato, e non potrei dirlo se non fosse stato per te". Le parole sono schiette, dirette, vanno dritto al cuore. Sono né più né meno che la verità: è quello che pensa Merrick. Eppure Treves è turbato, impacciato, divorato dai sensi di colpa. Risponde imbarazzato: "Be', anche tu hai fatto molto per me". Ma non è vero, se non per il fatto (poco nobile) che il caso dell'uomo-bestia può averlo aiutato nella carriera. È una risposta sbagliata, inadeguata, goffa. Ma anche umana e comprensibile. Merrick capisce, insiste a chiamarlo "amico mio". E noi che guardiamo siamo con le lacrime agli occhi, perché siamo tutti l'uomo-elefante che consola l'incolpevole medico: "amico mio"... Ma chi veramente salva Merrick, chi lo capisce e lo redime, sono le donne. Non tutte, ovviamente, in gran parte anche loro lo considerano un fenomeno da baraccone. Ma sono le donne che – con la loro sensibilità negata agli uomini – hanno la chiave per relazionarsi con lui. In particolare la moglie di Treves e, soprattutto, la star del teatro Miss Kendall, attratta dalla nobiltà d'animo dell'uomo-elefante. Nell'unica occasione in cui si incontrano in privato, i due affrontano con naturalezza un meraviglioso duetto basato sui versi del *Romeo e Giulietta* di Shakespeare. Lo scambio di battute è romantico, vibrante, appassionato, tutto basato su un'intesa spirituale che guarda ben oltre i limiti fisici della corporeità. Al termine Miss Kendall bacia Merrick sulla guancia, vicino alla bocca, con un gesto tanto delicato quanto audace e sincero. E gli dice: "Lei non è affatto un uomo-elefante". "No?", reagisce lui. "No, Lei è Romeo".

Miss Kendall è la fata buona che ha la capacità di vedere Merrick per quello che è, al di là dell'aspetto fisico. È lei che riscatta il protagonista, l'unica persona al mondo dopo la madre scomparsa capace di comprenderlo veramente e andare dritto al suo cuore. Alla fine, sarà sempre lei a regalargli il riscatto sociale, facendo alzare in piedi un intero teatro per applaudire Merrick all'apice della sua felicità. Poche ore dopo, non può che arrivare la morte.

I sentimenti purissimi di Miss Kendall nei confronti di Merrick sono diametralmente opposti a quelli malati di Bytes. È evidente, infatti, che l'interesse di quest'ultimo è economico, ma non solo. C'è, tra i due, qualcosa di simile al legame tra Frank e Dorothy in *Velluto blu*, o a quello tra Leland e la figlia in *Twin Peaks*, tanto più che Bytes dovrebbe avere un ruolo di genitore adottivo nei confronti di Merrick. E invece, anche se manca un'implicazione sessuale, c'è comunque qualcosa di morboso nel modo in cui Bytes desidera e maltratta l'uomo-elefante. Nel modo in cui, sfiorandogli i capelli, sussurra "Mio tesoro"... Perché la verità è che Bytes non può vivere senza la sua vittima, alla quale lo lega un perverso legame emotivo.

La deformità dell'uomo elefante è tanto più inquietante quanto più è contrapposta al suo opposto, l'estrema bellezza. E qui Lynch è maestro, il tema della dualità è un altro dei suoi cavalli di battaglia. Il regista riesce infatti a dare una dimensione aggiuntiva a questo contrasto tra estremi entro i quali si sviluppa l'esperienza umana, oltre che il film. Infatti non solo l'orrore fisico del protagonista contrasta con la sua bellezza interiore, con la sua nobiltà d'animo, ma anche con l'estrema bellezza della madre. "La gente ha paura di quello che non capisce", dice Merrick nel film, "e anche per me è difficile capire, tanto più che mia madre era bellissima".

Molti di questi temi sono messi in evidenza fin dall'inizio del film, che comincia con l'immagine in foto della madre di Merrick contrapposta e sovrapposta a quella di un branco di elefanti. C'è perfino un fotogramma in cui l'occhio di un elefante si sovrappone a quello della madre. L'incipit è significativo perché subito ci presenta la polarità bello/brutto, spirituale/animale, inferno/paradiso, tenebre/luce. E ha la funzione di dare una spiegazione "mitologica" dell'unicità di Merrick, mentre di quella reale non sappiamo nulla. Nel film si dice infatti che la madre è stata travolta da un branco di elefanti mentre era incinta, e questo avrebbe causato la nascita e la deformità del figlio. Eppure questa spiegazione non appare plausibile: più naturale pensare che la scena descriva una violenza subita dalla donna. Di certo Lynch ci lascia capire che all'origine della vicenda di Merrick c'è qualcosa di traumatico, di brutale, perfino animale, che presumibilmente ha colpito la madre proprio in virtù della sua bellezza e fragilità.

Del contrasto tra bellezza e bruttezza abbiamo appena detto, su quello tra spiritualità e bestialità c'è ancora da dire. Alla spiritualità di Merrick, infatti, si oppone la bestialità delle persone attratte dal sensazionalismo del suo aspetto fisico. In particolare, c'è un momento in cui Treves inveisce contro il guardiano dell'ospedale, che ha speculato sull'aspetto di Merrick: "Sei tu il mostro, non lui!".

Un altro contrasto è tra forza e paura. Tutti hanno paura di Merrick, che in realtà è la persona più indifesa, sempre vittima di forze più grandi di lui. Forze oscure, come Bytes e il guardiano dell'ospedale. E forze opposte che lo spingono verso i livelli più alti della società. Inferno o paradiso: a Merrick è negata la via di mezzo, la vita normale.

Una nota sulla scelta di girare il film in bianco e nero. In un'intervista pubblicata da *Movie Maker* nel 1985, Lynch ha affermato: "Ho una mia teoria sulle storie ambientate in epoca vittoriana: poiché quella è stata l'alba dell'era fotografica, credo che il pubblico che vede un film vittoriano con la fotografia in bianco e nero la accetti inconsciamente come l'atmosfera originale".

Tre momenti. Il film ha una trama semplice, lineare, scandita da tre sequenze oniriche, che ci portano nel mondo interiore del personaggio, e che sono il marchio di fabbrica di Lynch. La sequenza iniziale riguarda l'aggressione subita dalla madre, gli altri due sono nel centro e alla fine, bilanciando perfettamente il film.

A proposito della prima scena, di cui abbiamo appena parlato, c'è ancora da notare una cosa: l'immagine della madre di Merrick quando subisce la violenza. La donna si dimena muovendo la testa rapidamente a destra e a sinistra, con le immagini che lasciano una scia in modo da evidenziare il movimento anche nell'immagine statica che resta nella nostra memoria. Questa tecnica, che enfatizza il dolore della vittima, è usata anche in *Strade perdute*, quando Fred, il sassofonista, si trova in prigione ed è colpito da violenti mal di testa. Visivamente il risultato può essere paragonato a un quadro di Francis Bacon, uno dei pittori preferiti di Lynch.

Il secondo episodio è un vero e proprio sogno. Comincia con la telecamera che inquadra in modo memorabile la testa di Merrick che dorme appoggiandosi alla mano, si avvicina alla maschera che il poveretto indossa per coprirsi in pubblico, entra nel foro per l'occhio, e dunque metaforicamente nella mente del protagonista attraverso un corridoio pieno di tubature. Quest'associazione fa pensare al cinema surrealista, per esempio *Desire* di Max Ernst. In *The Elephant Man*, il corridoio conduce a una sorta di sala macchine in cui gli operai lavorano al ritmo del cuore del protagonista. Poi tornano i soliti incubi: la madre assalita dagli elefanti e il pubblico curioso che lo assale, lo picchia, lo tortura con la sua immagine riflessa in uno specchio.

La terza sequenza in questione è il lieto fine, con la promessa del ricongiungimento con la madre dopo la morte e il gran mare di luce dell'aldilà.

L'epopea di *Dune*. Il deforme è anche uno dei temi più riusciti di *Dune*, che però è uno dei film meno riusciti di Lynch. È stato ripudiato dallo stesso regista, che non è stato libero di intervenire sul *final cut*. Nonostante ciò, e nonostante quello che ne hanno detto i critici quando uscì (compreso il poco onorevole titolo di "film più brutto dell'anno"), *Dune* è interessante, originale, a tratti ispirato, ricco di idee e per niente stereotipato, molto migliore di tanti altri film di fantascienza. Qui non entreremo nel dettaglio: quello che interessa è mettere in evidenza ciò che lo lega al resto dell'opera di Lynch. A cominciare dalle creature mostruose, pensate e realizzate con una certa fantasia: il ripugnante barone Vladimir Harkonnen, il navigatore della Gilda, i vermi giganti (che ricordano il verme di *Eraserhead*) sono tutti personaggi che appartengono allo stesso mondo dei nani, dei giganti, degli uomini-elefante e di tutte le altre creature malformate che tanto piacciono al cineasta. Nel film è anche presente il tema dell'amore perverso e incestuoso, in particolare per quel che riguarda l'attrazione malsana del barone nei confronti del nipote Feyd-Rautha, interpretato da Sting.

Un simbolo importante e ricorrente è l'acqua: lo troviamo all'inizio di *Ereaserhead*, di *Velluto blu*, di *Twin Peaks* (il fiume sulle cui rive viene trovato il corpo di Laura Palmer). In *Dune* compare, come simbolo di vita e di rinascita, all'inizio e alla fine; ma anche in altri momenti cruciali: l'"acqua della vita" che beve Paul per raggiungere la pienezza dei suoi poteri, l'immagine della goccia che compare in sogno all'eroe per svelargli la presenza nel grembo della madre di una sorella, la frase della donna Fremen che ama ("Dimmi delle acque del tuo pianeta, Usul") e un'altra che lui le rivolge ("La vostra acqua si mescolerà con la nostra acqua").

Altro simbolo di rilievo è l'anello, che rappresenta il potere del duca Leto Atreides. L'anello sarà l'obiettivo mancato del barone Harkonnen, ma il duca riuscirà a farlo avere al figlio. Lo stesso simbolo si ritrova in *Cuore selvaggio* e in *Twin Peaks*, soprattutto in *Fuoco cammina con me*. In *Dune*, l'anello è spesso associato visivamente a una mano aperta, a volte isolata dal corpo. Anche questo è un simbolo surrealista e lynchiano: la mano come particolare anatomico isolato dal resto. Comparirà anche in *Cuore selvaggio*, ma con significato, come vedremo, molto diverso.

Sono temi interessanti e ricorrenti anche i poteri di telepatia e preveggenza di Paul (e non solo). Temi che compaiono, per esempio, in *Twin Peaks* (le intuizioni dell'agente Cooper, i tre suggerimenti del Gigante e così via) e in *Inland Empire* (la preveggenza della vicina di Nikki, all'inizio del film).

Elemento immancabile nei film di Lynch è il sogno, e in questo caso il montaggio del regista avrebbe certamente fatto la differenza. Peccato. C'è anche l'idea del sogno che diventa sogno a occhi aperti e quella del sogno che diventa realtà. E ancora – per fare un gran mix di considerazioni – la testa staccata di Rabban che assomiglia a quella di Henry in *Eraserhead*, l'idea che "la paura uccide la mente" (presente anche in *Twin Peaks*, così come l'idea che, sempre con la mente, si può controllare il dolore; come nel primo episodio della seconda stagione, quando Cooper è steso da tre colpi di pistola) e infine, all'inizio, un cielo stellato come quelli di *The Elephant man* e di *Una storia vera*.

Concludiamo con una considerazione finale e un po' arbitraria. Curiosamente, in *Dune* sono presenti molti elementi che lo renderebbero attuale: la jihad, i guerrieri suicidi, gli ordigni di sabotaggio, il deserto, l'acqua in quanto risorsa strategica e, soprattutto, la spezia (cioè il petrolio)... tutte cose estremamente improbabili per l'anno 10191, il futuro remoto in cui si svolgono le vicende. Così come improbabile è l'ambientazione, che ha un sapore decisamente rétro, più vicina al mondo industriale di *Eraserhead* che, per esempio, agli scenari realmente futuristici di *2001: Odissea nello spazio*. Il futuro che ci mostra Lynch è una sorta di parodia critica, come l'avrebbe potuta concepire visivamente Gaudí a inizio Novecento, in cui a essere avanzata non è tanto la tecnologia, quanto lo sviluppo delle potenzialità della mente umana. Un'idea non senza fascino, ma realizzata in modo poco convincente.

CAPITOLO 7.
VELLUTO BLU. DENTRO L'ORECCHIO

Velluto blu è sotto molti aspetti il film più riuscito di Lynch. La trama è semplice, ma sotto le vicende della storia principale vi è una tale ricchezza di dettagli, simboli, richiami, che anche a guardarlo e riguardarlo non si smette mai di scoprirne di nuovi.

La storia in due parole. Il film si svolge nella tranquilla città di Lumberton, che però nasconde un lato oscuro. Tutto comincia quando un giovane di nome Jeffrey Beaumont scopre un orecchio in un prato e si improvvisa investigatore per scoprire che cosa c'è dietro. Ben presto Jeffrey si trova coinvolto in una storia torbida: resta affascinato da una donna di nome Dorothy, a cui sono stati sequestrati il marito e il bambino, ed è costretto a confrontarsi con il perverso Frank Booth, il rapitore. Nel far questo Jeffrey rischia 1) la vita e 2) di perdere la ragazza di cui si innamora. Fortunatamente se la gioca bene e riesce a scongiurare entrambi i pericoli.

L'importanza dell'inizio. Come per tutte le opere di David Lynch, i primissimi minuti sono cruciali e contengono gli ingredienti essenziali alla piena comprensione del film: un insegnamento che il regista aveva appreso da giovane all'American Film Institute, dal cecoslovacco Frank Daniel.

La prima scena è un drappo di velluto blu, come si addice al titolo. Un elemento che tornerà più avanti. Il drappo si muove lentamente, accompagnato da una musica che accentua con le sue dissonanze l'aria di mistero che già si comincia a respirare. Poi la grana del velluto sfuma ma rimane il colore. È un cielo blu, e la telecamera che si abbassa mostra una fila di rose rosse davanti a uno steccato bianco. Siamo nella ridente città di Lumberton, ma l'ambiente è quello di

Spokane negli anni '50, dove Lynch ha passato parte della sua giovinezza. Sono presenti anche elementi di altre epoche, come le auto anni '70 e il microfono anni '30 con il quale canta Dorothy. Uno strano mix – tuttavia coerente – che ricrea il mondo dei ricordi dell'autore. La musica cambia: ora è *Blue Velvet*, un motivo che in questo contesto ribadisce l'atmosfera da idillio nella quale siamo immersi, e che è stata paragonata a un quadro di Hopper. Poi però passano i pompieri, e uno di loro saluta: la scena è al rallentatore, c'è qualcosa di strano, ma la musica continua imperturbata. Ancora fiori, questa volta tulipani gialli. Bambini attraversano la strada, un uomo innaffia il giardino. È il Signor Beaumont, il padre del protagonista. La scena successiva è dentro casa. Una donna (la Signora Beaumont) sorseggia un tè davanti alla televisione. Nello schermo è inquadrata una pistola che punta contro di lei. La minaccia è entrata in modo subliminale in casa Beaumont. La musica va avanti... Ecco che succede qualcosa. Il rubinetto dell'acqua attaccato alla canna con cui Mr Beaumont innaffia sta vibrando, come mosso da una forza oscura. C'è troppa pressione. L'uomo si accorge che qualcosa non va, e tira il tubo di gomma. Ma quest'ultimo si annoda a un arbusto. La pressione aumenta, il rubinetto vibra sempre di più, come se stesse per saltare. Ed ecco che Mr Beaumont ha qualcosa di simile a un attacco cardiaco, si porta una mano al collo e si inarca, come se lo avesse punto un insetto e come se la troppa pressione dell'acqua si fosse propagata fin dentro di lui. Se si potesse dare un suono al suo gesto, sarebbe un fischio acuto. Poi Mr Beaumont perde coscienza e cade.

Il fatto che il malanno di Mr Beaumont sia dovuto a una forza oscura è confermato da quello che succede poco dopo: il cane accorre e, invece di rivolgersi al padrone in difficoltà, aggredisce il fiotto d'acqua che continua a uscire, abbaiando e cercando di morderlo. La scena è enfatizzata da un primo piano rallentato dell'animale: non c'è ironia, come potrebbe sembrare. È una cosa seria. Viene inquadrato un dettaglio del prato, con l'erba vista da vicino e la musica che comincia a cambiare. La telecamera si muove, entra nell'erba, nel buio, nella terra. Ora la musica è svanita, si avverte un fruscio sempre più insistente, un calpestio di zampette... siamo in un mare di scarafaggi che si muovono rumorosamente l'uno sull'altro. E siamo certamente sollevati quanto, all'improvviso, a riempire lo schermo tornano le idilliache immagini della cittadina soleggiata, in questo caso con un cartello di benvenuto. La storia comincia. "Oggi è una radiosa giornata a Lumberton", annuncia la radio. Ma già sappiamo che sotto i prati soleggiati e i fiori si nasconde qualcosa di losco, di torbido, di marcio. Qualcosa che ha colpito il Signor Beaumont e che colpirà ancora. Lynch ci ha messo la pulce nell'orecchio.

Dopo questo incipit, ci viene presentato il protagonista Jeffrey (Kyle MacLachlan), che sta andando in ospedale a trovare il padre malato. Jeffrey è uno studente che, imbattutosi accidentalmente in un mistero, decide di indagare e si improvvisa investigatore. L'idea del detective che indaga è ricorrente in Lynch: compare anche in *Twin Peaks,* dove l'attore che ricopre il ruolo è sempre Kyle MacLachlan.

Nell'orefizio. Jeffrey entra nel film, nel mistero che lo rapisce, attraverso un'orecchio (pieno di formiche, dunque assalito dal male rappresentato, nel film, dagli insetti) che trova in un prato. E questa idea è già in sé ricca di significati. Lynch, infatti, è affascinato dai particolari anatomici, ma anche dalla musica (in *Strade perdute,* Pete è definito "il miglior orecchio della città") e dagli orifizi (in *Inland Empire,* a un certo punto la telecamera guarda attraverso un buco in una calza). Dunque il regista non fugge dal macabro dettaglio, anzi. Si avvicina, vi entra, come risucchiato da una forza invisibile. Ed è in questo momento, attraverso questo passaggio, che si plana nel film vero e proprio. Jeffrey trova l'accesso all'oscuro mondo sommerso di Lumberton, e non potrà uscirne se non dopo averlo affrontato fino in fondo.

Questo è il bello degli eroi di Lynch: non sono, per così dire, monocromatici. Prendiamo Jeffrey. È un bravo ragazzo, una persona onesta con i giusti valori morali. Ma a spingerlo è il ventre, talvolta il basso ventre, un'oscura attrazione verso le tenebre e la caduta che lo porterà a identificarsi con il malvagio Frank e a unirsi con Dorothy, arrivando al punto da mettere in pericolo la sua relazione con Sandy, la ragazza che ama. La stessa Sandy gli dice: "Non so se sei un detective o un pervertito". E ha ragione ad avere i suoi dubbi. A partire dal momento in cui, nella prima parte del film, entra con l'inganno nella casa di Dorothy, infatti, Jeffrey inanella una serie impressionante di "cattive azioni", se non reati: ruba una chiave, si intrufola nuovamente nella casa della donna, la spia, va a letto con lei e (seppure istigato) la picchia. Arriva perfino a uccidere un uomo. È vero che la vittima è il malvagio Booth, e che l'omicidio è compiuto per legittima difesa. Ma non è certo un atto che ci si aspetterebbe da un inerme studente liceale. Lynch affascina perché i suoi eroi sono reali, e anche quando sono spinti da un forte impulso morale hanno sempre radici che affondano nel mondo oscuro del subconscio. Quando Jeffrey picchia Dorothy, per esempio, il fluire delle immagini cambia: l'azione prosegue al rallentatore, accompagnata da un dissonante latrato in modo simile a quando Leland/Bob possiede carnalmente Laura Palmer nel prequel di *Twin Peaks*, mettendo così in evidenza la bestialità dell'atto.

Il momento clou del confronto di Jeffrey con le forze del male avviene quando l'odiato Booth lo porta in giro in macchina con Dorothy e altri suoi scagnozzi. A un certo punto Booth dice al ragazzo "Tu sei come me" (esattamente come il malvagio Bytes aveva detto al dottor Treves, "Non sei meglio di me", in *The Elephant Man*). E lo dice, tra l'altro, guardando negli occhi lo spettatore – che è chiamato direttamente in causa, in modo disturbante e decisamente anti-hollywoodiano –, perché in quel momento la telecamera riprende il punto di vista di Jeffrey. Poi Frank torna a disturbare Dorothy e Jeffrey reagisce di pancia, sferrando un pugno che, di fatto, dà ragione all'odioso interlocutore. Il gesto non resterà impunito, e il giovane – rischiando la morte – sarà costretto a tornare alla vita normale portando su di sé i segni delle percosse subite, un marchio che peserà sul suo rapporto con i suoi familiari e con Sandy.

Due curiosità

1. Anche se il film è virtualmente ambientato a Spokane, luogo dell'infanzia di Lynch, il regista non è voluto tornare sul posto per girarlo, per non alterare i suoi ricordi: era proprio quell'atmosfera di sogno che voleva rievocare. 2. Negli anni '90, David Lynch ha ammesso di portare sempre con sé un pezzo di velluto, come feticcio.

Il complesso di Edipo in azione. Il legame tra Jeffrey e Booth è più forte di quello che può sembrare a prima vista, ed è rafforzato dal fatto che Booth, a livello subconscio e subliminale, è legato, per il protagonista, alla figura del padre. La maschera che indossa Frank quando è in stato di massima eccitazione richiama alla mente, infatti, l'apparato per la respirazione artificiale in cui è intrappolato il padre di Jeffrey. Per non parlare delle frasi oscene che lo stesso Frank sbatte in faccia a Dorothy quando Jeffrey li spia dall'armadio: "Fammela vedere", "Falla vedere a Baby", "Baby torna a casa", "Papà torna a casa". Queste frasi hanno un forte impatto emotivo. Frank si comporta, infatti, nei confronti di Dorothy, al tempo stesso come padre e come figlio. È in azione il complesso di Edipo (cioè l'innamoramento, nell'infanzia, nei confronti del genitore di sesso opposto), compresa la spiegazione freudiana di come nasce una personalità sadomasochista (cioè in base al non corretto superamento del complesso di Edipo, a causa del senso di colpa per i sentimenti di ostilità nei confronti del genitore dello stesso sesso). Ma Jeffrey, che sadico non è, si confronta anche lui con le stesse dinamiche: si identifica di fatto con Frank e proietta in quest'ultimo anche la figura del padre (*v. in seguito*). Dunque il legame nel film tra Frank e Jeffrey è forte e, per certi aspetti, disturbante. Tanto più che lo spettatore tende a identificarsi con Jeffrey, e a essere coinvolto in questa dinamica della quale, se fosse per lui, magari farebbe volentieri a meno.

Ma torniamo a Mr Beaumont, il padre di Jeffrey. Non solo il film si apre con l'attacco cardiaco dell'uomo e si chiude con la sua guarigione. Durante il film la figura di Beaumont compare in un momento importante, in associazione a Frank. È quando Jeffrey torna a casa, ferito alla guancia dal coltello di Dorothy, dopo una serie di eventi che lo hanno sconvolto ma soprattutto dopo aver assistito alle violenze di Frank. Uscendo dall'oscurità con il volto illuminato da una luce accecante (come nei momenti delle "rivelazioni" di *Twin Peaks*), Jeffrey ha una visione: il volto deformato del padre in ospedale – in cui a guardar bene si nota l'apparecchio per la respirazione sulla sinistra e il tubicino in bocca sulla destra –, cui subito segue l'immagine di Frank accompagnata da un latrato elettronico. Poi una fiamma, l'oscurità, la voce di Frank che ripete "Adesso è buio" e quella di Dorothy che sussurra "Colpiscimi". Frank sferra il pugno verso l'obiettivo, Jeffrey si sveglia e allunga la mano verso uno strano pupazzo – a forma sia di vulva, sia di bocca – sul letto. Subito dopo si recherà in negozio a prendere il posto del padre assente perché in ospedale.

Siamo tutti voyeur. Nelle scene centrali del film, quando Jeffrey spia Dorothy e Frank dall'armadio, c'è anche un altro elemento importante da considerare: il voyerismo. Jeffrey, infatti, con un comportamento non propriamente impeccabile, osserva tutto quello che succede nella stanza da dentro l'armadio della donna. Ma siamo anche noi con lui, a spiare – il cinema in sé è un atto voyeristico –, e c'è da scommettere che molti di noi non rimangono distaccati, indifferenti, ma provano una morbosa attrazione nei confronti di quanto accade. Anche noi, come Lynch e come Jeffrey, proviamo l'attrazione del lato oscuro, del male. E siamo trascinati in un abisso la cui profondità è pari a quella del nostro subconscio.

Lieto fine. La storia terminerà ancora una volta con un lieto fine, con immagini luminose e l'apparizione di un pettirosso (finto) con uno scarafaggio in bocca. Quest'immagine rappresenta infatti la vittoria del bene (rappresentato dal pettirosso) sul male (rappresentato dallo scarafaggio). "Sono tornati i pettirossi", dice Jeffrey a Sandy, alludendo a una precedente frase della fidanzata: "Ho fatto un sogno [...]. Vedevo il nostro mondo ed era buio, perché non c'erano i pettirossi... I pettirossi rappresentavano l'amore. E per un lunghissimo tempo ci fu soltanto oscurità. Poi, ad un tratto, migliaia e migliaia di pettirossi tornarono sulla Terra, e il loro ritorno portò finalmente la luce accecante dell'amore [...]. Io credo che questo significhi che c'è solo oscurità finché non arrivano i pettirossi".

Ora, alla fine del film, – dopo che Frank è stato ucciso e Dorothy è tornata con il figlio – nemmeno nell'unione tra Jeffrey e Sandy ci sono più ombre, ostacoli nascosti. Il Signor Beaumont è guarito. Il male è andato via. La luce e i pettirossi hanno vinto. "Io non capisco come facciano a nutrirsi di insetti", dice la zia di Jeffrey, come se fosse al di fuori dei cicli della natura... ma proprio mentre lo dice mette in bocca qualcosa (e c'è chi è pronto a giurare che si tratti di uno scarafaggio). Insomma, Lynch ci mette anche una certa ironia, perché la lotta tra il bene e il male è eterna e non basta certo una vicenda finita bene a risolverla.

Uscire dall'orecchio. C'è un altro particolare, alla fine, che è interessante notare. L'epilogo (con le scene descritte sopra) comincia con la telecamera che esce dall'orecchio di Jeffrey, così come il film era cominciato (dopo un breve prologo) con la telecamera che entrava in un orecchio.

Quanti livelli di lettura ha il film. Ne possiamo distinguere almeno quattro. 1) La trama vera e propria, che comincia di fatto quando Jeffrey trova l'orecchio e finisce quando uccide Frank. 2) La lotta tra il bene e il male, con il male che entra nel film nelle prime scene e il bene che prevale nelle ultime. 3) Il superamento – in chiave simbolica – del complesso di Edipo, in quanto Jeffrey vive il passaggio dall'infanzia alla maturità, desidera e possiede la madre (nella forma di Dorothy), uccide il padre (nella forma di Frank) e alla fine si libera di tutto questo per unirsi a Sandy senza più ombre. 4) Il racconto dell'infanzia di Lynch, o meglio il suo passaggio dall'infanzia alla vita adulta.

Altre idee e temi ricorrenti. Molti dei quali sviluppati anche in altri film, a partire da *Twin Peaks* (*v. Appendice*).

• Il mistero. Un'idea centrale, e ricorrente nei film di Lynch, è quella del mistero. "Io sono coinvolto in un mistero, sono al centro di un mistero", dice Jeffrey a Sandy. E poi ribadisce: "Tu sei un mistero. E mi piaci moltissimo".

• L'elettricità. Quando Jeffrey è nel palazzo di Dorothy la prima volta, la luce va e viene, ci sono dei disturbi elettrici e l'ascensore è fuori uso. Segno che qualcosa non va, che le forze del male sono in azione. È la solita idea già presente in *Eraserhead* e sviluppata anche e soprattutto in *Twin Peaks*, ma che ruota attorno al film mai realizzato *Ronnie Rocket*.

• Il fuoco. Simbolo della passione incontrollata, compare soprattutto in una scena (pochi fotogrammi), quando Jeffrey cede alle provocazioni di Dorothy e la colpisce mentre fanno l'amore.

• Rossetto. Nel momento più basso del viaggio di Jeffrey nelle tenebre, quando il protagonista si trova di fronte a Frank che vuole dargli una lezione, assistiamo a una scena di forte impatto. Siamo nel cuore della notte, gli uomini del boss tengono fermo il ragazzo. Frank si cosparge malamente le labbra di rossetto, lo bacia, lo minaccia e lo picchia. Il modo in cui Frank fa uso del rossetto richiama alla mente la follia della madre di Lula davanti allo specchio in *Cuore selvaggio*, Laura in punto di morte in *Twin Peaks* e la ragazza polacca picchiata dal Fantasma in *Inland Empire*.

• Caduta. Quando tocca il punto più basso (in ambulanza, nuda, dopo essere stata soccorsa da Jeffrey e Sandy), Dorothy dice: "Sto cadendo", per indicare che non ha più le forze per contrastare il male. In *Fuoco cammina con me*, Laura confida la stessa sensazione alla sua amica Donna. E il tema iniziale di *Twin Peaks* è la canzone *Falling*. Il tema della caduta, in quanto perdizione, è frequente nei film di Lynch. Ha richiami teologici (nel senso di cacciata dal Paradiso terrestre) e potrebbe essere legato al fatto che da giovane Lynch ha avuto una formazione presbiteriana.

• Dualità. Interessante la solita dualità bionda/mora (per certi aspetti parallela a quella luce/tenebre). Come in *Eraserhead*, il protagonista è attratto dalla bruna, ma alla fine sceglie la bionda. Questa dualità ricorda quella analoga di due film di Bergman, *Il Silenzio* e *Persona*.

• Tenebre. "Adesso è buio", dice Frank più volte a casa di Dorothy, in preda all'eccitazione. Quello è il suo ambiente, lui appartiene al mondo delle tenebre, del male. Infatti è vestito di nero, come uno scarafaggio. La stessa espressione – "Adesso è buio" – si ritrova in *Twin Peaks*: è sussurrata all'inizio della canzone *Into the night*, composta da Angelo Badalamenti, scritta da David Lynch e cantata da Julee Cruise.

• Televisione. La mamma e la zia di Jeffrey che guardano la tv ricordano alcune scene di *Twin Peaks*, dove i personaggi seguono a loro volta una serie tv. Anche *Inland Empire* comincia con una ragazza chiusa in una stanza che guarda la tv.

• Televisore rotto. È simbolo di omicidio compiuto. Quando Jeffrey entra in casa di Dorothy, alla fine, trova infatti un televisore rotto nei pressi del cadavere del poliziotto vestito di giallo. Una scena simile compare nelle primissime immagini di *Fuoco cammina con me*, quando Leland Palmer uccide la sua prima vittima, Teresa Banks.

• Famiglia. Da notare che la famiglia di Jeffrey, pur costituendo in apparenza una famiglia "idilliaca", in realtà non lo è: i genitori non si parlano mai, e nemmeno la zia è molto loquace. Nei film di Lynch non compaiono mai famiglie affiatate. Anzi, la famiglia o è assente, o diventa il luogo in cui, come dice Greg Olson, "le cose possono andare storte".

• Intermezzo musicale. Nel film c'è una parentesi musicale, con Ben (un amico di Fred) che canta in playback una canzone di Roy Orbison, *In Dreams*. Lynch ha inserito un altro pezzo dello stesso autore, *Crying*, in *Mulholland Drive*: è la canzone (*Llorando*) che Rebekah del Rio intona nel Club Silencio. Entrambe le scene, molto belle e intense, sono girate in playback. E in entrambi i casi la musica va avanti anche quando il/la cantante smette di cantare, ma da quel momento si crea una frattura, una dissociazione, un disagio che contagia lo spettatore.

• Elementi autobiografici. L'idea di Dorothy che arriva a casa di Jeffrey completamente nuda è stata ispirata da un episodio dell'infanzia di Lynch, quando – guardando fuori dalla finestra di casa – il futuro regista vide, una notte, una donna nuda che camminava per strada.

• Mix vita reale/film. Jeffrey è attratto da Dorothy: allo stesso modo Lynch lo era da Isabella Rossellini, che ha interpretato il personaggio. I due, infatti, si sono sposati nello stesso anno in cui è uscito *Velluto blu* (1986). Frank, invece, è stato interpretato da Dennis Hopper, che si trovava in una fase difficile della sua vita. "Devo avere la parte! – disse l'attore a Lynch quando seppe che il regista cercava qualcuno per quel ruolo – perché io *sono* Frank". Infine c'è da notare un gioco di nomi che riguarda Frank Booth e l'appartamento di Dorothy in Lincoln Street: l'assassino di Abraham Lincoln si chiamava John Wilkes Booth. Lincoln fu ucciso da un colpo di pistola alla testa, più o meno nello stesso modo in cui, alla fine, morirà Frank.

• A proposito di giochi di nomi. Dorothy, in *Velluto blu*, vive nei Deep River Apartements. Diane, la protagonista di *Mulholland Drive*, è originaria di Deep River, Ontario.

Percorso cinematografico consigliato

- *Ghosts Before Breakfast* (1927)
  In questo corto di Hans Richter compaiono alcune immagini che si ritrovano nel film, come la pistola e il flusso d'acqua che esce da un tubo per l'irrigazione.

- *Il Mago di Oz* (1939)
  La protagonista si chiama Dorothy, come il personaggio femminile di *Velluto blu*, ed entrambi indossano scarpe rosse (*v. anche Cuore Selvaggio*). "There's no place like home", è la lezione del film di Fleming, che vale anche per Jeffrey e Sandy.

- *Glen or Glenda* (1954)
  "Il mondo è uno strano posto in cui vivere", dice Ed Wood in questo film. "È uno strano mondo", gli fa eco Sandy in *Velluto blu*.

- *Fuoco cammina con me* (1992)
  In comune con *Velluto blu* alcune idee: il fuoco, simbolo di passione incontrollata; la pistola, segno di minaccia e omicidio; il sesso come forza distruttiva; l'idea di "caduta", cioè perdizione (di Dorothy come di Laura Palmer); il televisore rotto, simbolo di omicidio compiuto; i cali di tensione, dovuti alla presenza di forze oscure; il buio, emblema del male, e la luce in quanto salvezza.

CAPITOLO 8.
SULLA STRADA: *CUORE SELVAGGIO* E *UNA STORIA VERA*

Questo capitolo è dedicato a due road movie, *Cuore selvaggio* e *Una storia vera*. In entrambi i film compare l'immagine della strada che scorre, sebbene a velocità differenti; ma questo elemento è anche presente in *Velluto blu, Strade perdute* e *Mulholland Drive*. Impossibile non pensare alla strada che Dorothy deve seguire nel *Mago di Oz* di Victor Fleming.

La storia in due parole. *Cuore selvaggio* parla della storia d'amore tra Sailor e Lula, ostacolati dalla madre di quest'ultima, Marietta. I due fuggono e ne passano di tutti i colori per superare le insidie che Marietta dissemina in modo scriteriato per ostacolarli. Alla fine Sailor e Lula si riuniscono. Quando già sembra che le cose volgano al peggio, un vero e proprio colpo di scena risolve la situazione e, come in una favola che si rispetti, regala il lieto fine tanto agognato.

Come il *Mago di Oz*. La struttura è infatti quella della fiaba, una fiaba moderna, che si intreccia con quella classica del *Mago di Oz*. Nel film di Fleming, la protagonista Dorothy è una ragazzina che vive con gli zii in un fattoria del Kansas. Un giorno, il suo cane Toto morde la gamba dell'odiosa vicina, la signorina Gulch, che si vendica ottenendo il permesso di abbattere l'animale. Dorothy riesce a fuggire con Toto e va dal professor Marvel, un mago buono che usa la sua sfera di cristallo per convincere la ragazzina a tornare a casa. La bambina lo fa, ma un violento tornado si abbatte sulla casa proprio mentre sta rientrando. Dorothy riesce a raggiungere il suo letto ma sviene e comincia a sognare. Nel sogno, entra in una fiaba dove ritrova le persone che conosce trasformate in altri personaggi. I suoi amici della fattoria si trasformano in un pupazzo di paglia, un cavaliere di latta e un leone senza coraggio, mentre la signorina Gulch diventa la malvagia Strega cattiva dell'Ovest. Con l'aiuto della Strega buona del Nord, Dorothy sconfigge la strega malvagia (che si vaporizza); raggiunge il Mago di Oz, svelando il suo bluff (inganna il mondo con un macchinario che emette fumo e fiamme); e, infine, muovendo i piedi ad angolo, ritorna nella sua casa del Kansas, dove ci sono i suoi zii e gli amici ad aspettarla.

Che cosa ritroviamo di tutto questo in *Cuore selvaggio*? Molti richiami. Innanzitutto il fatto che Marietta è identificata con la Strega cattiva, che oltretutto ha la triste proprietà di innescare una serie di eventi infausti, una vera e propria ondata di malasorte, ogni volta che compare. Per fortuna oltre a lei c'è la Fata buona, che alla fine del film offre a Sailor la soluzione ai suoi problemi. Tra l'altro Sailor era stato appena picchiato e aveva il naso simile a quello dello spaventapasseri nel *Mago di Oz*. Sailor, infine, è quasi orfano ("Sono un ladro, un assassino, e non ho avuto la guida dei genitori", ammette), come Dorothy nel *Mago di Oz*.

In *Cuore selvaggio*, viene citato anche Toto, il cane di Dorothy Gale. Lo fa il personaggio 00 Spool, interpretato da Jack Nance. Non molto tempo dopo, Bobby Perù passa dalla camera di Lula in un momento in cui Sailor è assente, la violenta verbalmente e se ne va. Lula, umiliata, appena resta sola muove i piedi ad angolo come fa Dorothy nel *Mago di Oz* per tornare a casa; all'eroina lynchiana, però, l'incantesimo non riesce. Poche scene dopo, quando Bobby Perù esce con Sailor per raggirarlo, i due compaiono in una sfera di cristallo davanti alla quale scorre una mano, presumibilmente quella della Strega cattiva. E alla fine del film, quando Lula e Sailor si riuniscono, finalmente, in via definitiva, Marietta esplode in un urlo acuto mentre la sua fotografia scompare dalla cornice in cui era conservata, evaporando in una nuvola bianca. Proprio come la Strega cattiva dell'Ovest si dissolve in mezzo al fumo quando viene sconfitta da Dorothy Gale.

Fuoco e *Pelle di serpente*. Oltre che al *Mago di Oz*, il film si ispira a *Pelle di Serpente* (1959) di Sidney Lumet, con Anna Magnani e un giovanissimo Marlon Brando. Il primo legame è la giacca in pelle di serpente indossata dal protagonista Sailor, simile a quella di Marlon Brando nel film di Lumet; Sailor dice che quella giacca è “il simbolo della mia individualità e della mia fede nella libertà personale”. Un altro tema in comune tra i due film è quello del fuoco. *Pelle di serpente* si conclude infatti tragicamente, con un incendio doloso, così come in un incendio doloso, nello stesso film, aveva perso la vita il padre di Lady (Anna Magnani). Anche il padre di Lula, in *Cuore selvaggio*, muore in un incendio orchestrato dalla moglie Marietta con l’aiuto del malvagio Santos. E il tema del fuoco è onnipresente in questo come in tanti altri film di Lynch.

C’è da notare, in *Cuore selvaggio*, un uso particolarmente elaborato della metafora del fuoco. Lula che tiene una candela in mano mentre è a letto con Sailor (fuoco controllato) è l’immagine della passione sana contrapposta agli incendi (simbolo di fuoco incontrollato) provocati dalla madre.

Cattivissimi. A parte i protagonisti Sailor e Lula, sono i personaggi cattivi a dominare il film. Uno su tutti: Marietta. È lei la persona spiritualmente malata che avvelena la famiglia. Le sue avance nei confronti di Sailor – frutto più della malvagia macchinazione che del desiderio malsano – ricordano quelli della madre di Mary X nei confronti di Henry in *Eraserhead*. Ma Marietta è soprattutto legata da un oscuro cordone ombelicale alla figlia, tanto che ha sempre ucciso o cercato di uccidere gli uomini con cui Lula aveva a che fare. Marietta è l’equivalente di Leland Palmer in *Twin Peaks* e di Bytes in *The Elephant Man*. Non si fa scrupoli a innescare meccanismi che inevitabilmente sono destinati a minacciare la vita delle persone che ama. Salvo poi cadere in preda ai rimorsi e restare emotivamente dilaniata. Come nel momento memorabile in cui, davanti allo specchio per truccarsi, con il rossetto trasforma la sua faccia in una maschera di follia.

Altro personaggio interessante è Bobby Perù. Cattivo senza possibilità di redenzione, perverso – Lula lo definisce “un angelo nero” –, cinico, Bobby è dotato anche di una fine sensibilità, un tratto che lo rende ancora più disturbante. Si accorge subito che Lula è incinta. Ed è protagonista di uno sgradevole stupro verbale che porta la donna all’orgasmo, come se con la sua violenza controllata fosse riuscito a toccare le corde più intime di Lula, disarmandola del tutto. La prova che si tratta di un orgasmo? Lynch fa vedere con chiarezza, con un primo piano, la mano della protagonista che si apre. Lo stesso primo piano, dello stesso gesto, già visto nelle scene precedenti, quando Lula toccava l'apice del piacere a letto con Sailor.

Commistione tra film e realtà. Diane Ladd, che ha interpretato Marietta (la mamma di Lula), nella vita è la madre di Laura Dern (Lula). Madre e figlia nella realtà e nella finzione, insomma, una situazione tremendamente lynchiana.

C'è poi un altro episodio che vale la pena menzionare. A un certo punto, Sailor e Lula si imbattono in un incidente con tre morti. Uno di questi è una donna (Sherilyn Fenn), che si aggira farfugliando frasi senza senso prima di morire. Questa scena è stata ispirata da un episodio avvenuto realmente sul set di *Eraserhead*. In quell'occasione Catherine Coulson ebbe un'emorragia cerebrale e si comportò in modo analogo. Lynch rimase impressionato dalla vicenda.

Il film finisce con un colpo di scena, un lieto fine forzato per mostrare come la storia avrebbe potuto avere un altro epilogo, se solo Lynch lo avesse voluto. A compiere il miracolo è la Fata buona, cioè nientepopodimeno che Sheryl Lee, l'attrice che tutti conoscono come Laura Palmer in *Twin Peaks*. Oltre a lei, in *Cuore selvaggio* recitano molti attori legati a Lynch, tra cui Ed Wright, nel ruolo del receptionist dell'albergo in cui viene rapito Farragut. Sempre lui, nell'episodio finale di *Twin Peaks* è il vecchio impiegato della banca in cui Audrey Horne va a incatenarsi: la lentezza esasperata dei suoi movimenti è un tratto caratteristico che diventa un legame tra le due situazioni.

Legami con altri film. A completamento di quanto già detto, ecco una lista di particolari più o meno significativi, ma che meritano di essere citati in relazione ad altri film.

- Le mosche attirate dal vomito lasciato da Lula nella sua stanza d'albergo, a Big Tuna: sarebbe una scena normale, ma Lynch "ci entra dentro" con la telecamera in un modo tutto suo, così come aveva fatto nell'orecchio di *Velluto blu*. Infatti questa scena è una delle sue preferite del film.

• Telefono. Un'immagine ricorrente nel film, e in tanti altri, è quella del telefono, che qui è simbolo di oscure trame. Il telefono è usato in particolare da Mr Reindeer per commissionare omicidi.

• Il cane. Nella seconda metà del film, quando Sailor e Lula chiacchierano con un gruppetto di persone e conoscono Bobby Perù, il personaggio 00 Spool dice che ha un cane e chiama in causa Toto del *Mago di Oz*. I cani sono spesso presenti nei film di Lynch, a volte con humor, a volte perché dotati di una sensibilità negata agli umani. Nello stesso *Cuore selvaggio*, alla fine, c'è un cane che fugge con in bocca una mano. In *Eraserhead* ce n'è uno che abbaia al protagonista Henry quando si dirige dalla fidanzata Mary X, per non parlare della cagna che allatta a casa degli X. In *Strade perdute*, all'inizio, un cane che abbaia sembra presagire la tragedia in arrivo. È significativa anche la presenza di cani che abbaiano con foga – perché avvertono la presenza di forze oscure – durante lo scontro verbale tra Bob e Mike in *Fuoco cammina con me*. Così come sembra voler attaccare le forze del male il cane di Mr Beaumont, quando il suo padrone ha un grave malore, in *Velluto blu*.

• Aborto. Subito prima di dire a Sailor che è incinta, Lula ricorda una violenza subita da ragazzina e il conseguente aborto. Dunque anche qui, come forse in *Eraserhead* e certamente in *Inland Empire*, compare – parzialmente rimosso (Sailor non ne sa nulla) – il tema dell'aborto.

• Testa che salta. Come avviene ripetutamente in *Eraserhead*. Qui la testa che salta, alla fine, è quella di Bobby Perù.

• Il doppio. Questo tema è toccato con la coppia Juana Durango/Perdita Durango; ma non è approfondito come in *Twin Peaks*, *Strade perdute*, *Mulholland Drive* e *Inland Empire*.

• L'anello. Quando Farragut viene ucciso, gli viene mostrato un anello con lo stemma di Santos. Il simbolo dell'anello compare anche, con significati diversi, in *Dune* e in *Twin Peaks*.

• Responsabilità. Per finire, come in *Inland Empire* e in *Twin Peaks*, anche in *Cuore selvaggio* l'idea di destino è intrecciata con quella di responsabilità. "Una delle ragioni per cui ci troviamo nei guai sta in quello che ho fatto prima", ammette Sailor a Lula in un'occasione. E infatti Sailor paga ogni volta, e paga caro, le conseguenze delle sue azioni.

Il ritmo lento di *Una storia vera*. Chiudiamo il capitolo con *Una storia vera* (1999), un caso a sé nella produzione del regista. Lungometraggio semplice nella trama, lento nei ritmi, ampio negli spazi, poetico, leggero, profondo, arioso, *Una storia vera* narra la vicenda, realmente avvenuta, di Alvin Straight, un contadino dell'Iowa che nel 1994, a 73 anni, intraprese un viaggio di quasi 400 km a bordo di un tosaerba, per andare a trovare il fratello colpito da un infarto. La storia, ambientata nel Midwest degli Stati Uniti, all'inizio colpì più la moglie Mary Sweeney che Lynch, il quale però non tardò a farsi coinvolgere. Il titolo originale, *A Straight Story*, ha un doppio significato. Letteralmente vuol dire "lineare", "dritto" (così come è la storia del protagonista e il percorso che segue), ma è anche il cognome di Alvin.

È un film meraviglioso, colmo di saggezza, girato con cura ripercorrendo le tappe del viaggio del protagonista, seguendo in tempo reale lo svolgersi della stagione. Il tema principale è il legame tra i due fratelli, ma anche la strada (con le inquadrature delle strisce di mezzeria come in *Cuore selvaggio*, *Strade perdute* e *Mulholland Drive*, anche se con un ritmo molto più lento). Nel corso delle 240 miglia che lo separano dalla meta, Alvin incontra molte persone e lui – che è vecchio e sofferente – con tutti riesce a mettersi in relazione e in sintonia, andando subito al cuore delle questioni. "Ho imparato a separare il grano dalla crusca", dice in una battuta del film. Alvin riesce a trovare le parole giuste per ogni occasione. Come con la ragazza incinta scappata di casa, che convince a riunirsi alla famiglia. Da segnalare anche l'incontro con i gemelli litigiosi (presentano un conto che è "il doppio" di quello che dovrebbe essere), quello con la donna che investe in continuazione i cervi, gli sterminati campi di granturco e i lampi. È il solito tema dell'elettricità, sempre caro a Lynch: è durante un temporale, mentre il volto di Alvin e della figlia Rose sono a tratti rischiarati dai fulmini, che arriva la notizia che Lyle – il fratello del protagonista – è stato colpito da un infarto.

Il cielo stellato, invece, è simbolo di armonia e pacificazione. "Guarda il cielo, Rose", dice Alvin in un'occasione alla figlia, "sembra tanto prezioso, quando è così stellato". E poi, alla fine, a proposito del fratello: "Voglio fare pace, voglio stare con lui, guardare le stelle come facevamo allora, tanto tempo fa". Non a caso il film si apre e si chiude con un cielo stellato in cui la telecamera sembra muoversi tra gli astri, alla deriva nell'infinito, come in *The Elephant Man* e *Dune*.

Un altro elemento ricorrente nei film di Lynch è il fuoco. Alvin racconta infatti di un brutto incidente capitato alla figlia Rose. Un giorno, uno dei suoi bambini rimase gravemente ustionato in un incendio: in seguito a questo incidente, lo Stato le tolse la tutela dei figli. E il modo in cui la donna immagina il suo bambino mentre recupera una palla ricorda il figlio di Dorothy in *Velluto blu*. C'è anche, nel film, una capanna di legno che brucia, che ricorda un incendio simile in *Strade perdute*. Anche in questo caso, come sempre per Lynch, il fuoco è segno di pericolo. E infatti proprio in quel punto, a causa di una ripida discesa, Alvin perde il controllo del mezzo che guida e rischia di farsi male.

Per finire, a collegare questo film al resto della produzione lynchiana contribuiscono la musica di Angelo Badalamenti, le scenografie di Jack Fisk (nel film è presente anche la moglie Sissy Spacek nel ruolo di Rose), la presenza di Harry Dean Stanton nel ruolo di Lyle e i ricordi di Lynch di suo nonno, con i suoi stivali da cowboy e i suoi trattori. Non ha avuto, invece, un ruolo in altri film di Lynch il bravissimo Richard Farnsworth (Alvin). Era malato di cancro alle ossa e durante le riprese fu costretto a muoversi con due bastoni, nel film come nella realtà. Si appassionò al ruolo e stupì tutti con la sua tenacia, ma si suicidò l'anno dopo perché non riusciva a sopportare il dolore.

CAPITOLO 9.
NEL LABIRINTO DI *STRADE PERDUTE*

Questo film segna una svolta nella produzione del regista. Con *Strade perdute*, infatti, si inaugura una serie di tre film in cui la struttura narrativa diventa – con qualche variante – quella delle "storie parallele". In genere si presume che di queste storie una corrisponda alla realtà e l'altra (o le altre) al sogno, all'allucinazione, al subconscio. Non a caso di questi film esistono molteplici interpretazioni, compresa quella per cui è impossibile dare un'interpretazione.

Che cosa ne pensa la gente. *Strade perdute* è stato un discreto fiasco, capitato tra l'altro in un momento delicato per Lynch. Ossia in un periodo in cui, dopo l'insuccesso di *Fuoco cammina con me* e della serie tv *On the air*, il regista avrebbe avuto bisogno di un successo. E invece così non fu. Ancora oggi quest'opera sembra avere relativamente pochi estimatori, anche tra coloro a cui Lynch in genere piace. Eppure è un bel film, oscuro, notturno, travolgente, onirico, profondo, demoniaco, ricco di idee, indispensabile per una visione completa dell'opera del regista e imperdibile per un appassionato. Vediamo perché.

Numero di modi in cui si può interpretare. All'incirca 37, secondo David Foster Wallace. Un'analisi accurata, però, permette di restringere molto il campo. Per farlo, è utile ripercorrere passo per passo la trama alla ricerca degli elementi utili.

Struttura generale. Il film si può definire, secondo lo stesso Lynch, "una storia di gelosia" e "una storia sulle identità parallele". Infatti è composto da due vicende, legate tra loro a doppio filo anche se apparentemente indipendenti, con due protagonisti diversi: il sassofonista geloso Fred Madison e il meccanico latin lover Pete Dayton. In molti hanno sostenuto che i due sono in effetti personaggi ben distinti, ciascuno con la sua identità e la sua storia, che si trasformano l'uno nell'altro con un espediente narrativo che si può considerare più o meno riuscito, ma che non cambia la sostanza delle cose. Può darsi. In realtà è molto più convincente l'ipotesi secondo la quale il vero e unico protagonista è Fred, il quale, accecato dalla gelosia, uccide la moglie e finisce in prigione. Qui, in preda al delirio, rievoca la tragedia e rielabora le sue emozioni, "trasformandosi" in Pete per cercare una via di fuga mentale che però non lo salva e lo riporta al punto di partenza.

Prima parte: la realtà (la versione di Fred). I primi fotogrammi inquadrano la linea di mezzeria di una strada, illuminata dai fari di una macchina in corsa (immagine presente anche in *Velluto blu* e *Cuore selvaggio*): è una metafora della folle corsa che avviene nella mente di Fred in preda al delirio e alla gelosia. L'immagine successiva è infatti quella del musicista che si accende una sigaretta, in evidente stato di tensione. Sta rimuginando. Suona il citofono e una voce dice: "Dick Laurent è morto".

A questo punto comincia una vicenda apparentemente normale, narrata con un ritmo lento, che sembra corrispondere alla realtà dei fatti. È la storia di Fred. Sembra raccontata in modo oggettivo... ma non dobbiamo dimenticare che è il *suo* punto di vista. Scopriamo che è un sassofonista jazz e che è sposato con una bellissima donna, la bruna Renee, che però è fredda con lui. Non ci vuole molto a capire che Fred è innamorato follemente di lei ed è molto geloso. Forse ha qualche ragione per esserlo. Una sera che esce per suonare, lei preferisce restare a casa a leggere un libro. Ma quando lui la chiama non la trova. E il telefono che squilla a vuoto è carico di forza emotiva, un tema presente anche nell'episodio pilota di *Twin Peaks* e in *Mulholland Drive*.

La storia prosegue in modo misterioso, insolito, e apparentemente lineare. Fred una mattina trova una videocassetta in una busta, la fa vedere alla moglie e la guardano insieme: c'è la loro casa inquadrata dall'esterno. Dopo qualche giorno, mentre noi spettatori scopriamo qualche dettaglio in più sulla relazione tra i due e sulla gelosia mascherata di Fred, arriva una seconda videocassetta. Questa volta il contenuto è più inquietante: dopo le riprese dell'esterno, si vede l'interno della casa e i due protagonisti che dormono. A questo punto Fred e Renee si decidono a chiamare la polizia: arrivano due agenti che fanno un sopralluogo, senza risolvere niente.

La storia va avanti, ed è un crescendo di situazioni in cui emerge in modo sempre più chiaro la gelosia di Fred. L'apice della tensione si raggiunge durante una festa a casa di Andy, un amico di Renee ("L'ho incontrato in un posto chiamato Moke's", dice la donna, "Mi ha parlato di un lavoro..." – tenere a mente queste frasi). Al party Renee si ubriaca e si abbandona nelle braccia del padrone di casa, umiliando Fred fino a chiedergli di portarle da bere. Ma Fred, che sempre asseconda la moglie e non le rinfaccia mai nulla (forse ha paura di perderla), va al banco, prende due bicchieri di whisky e li beve entrambi lui. Sta toccando il fondo. Sul più bello la musica cambia – segno che stiamo deviando dal reale – e viene a trovarlo un uomo senza nome, basso, truccato, senza sopracciglia, con il volto malato e ricoperto di cerone: quest'uomo, interpretato dall'attore Robert Blake, nei titoli di coda è identificato con Mystery Man.

Mystery Man si comporta in modo apparentemente senza senso, che però ha un senso profondo nell'inconscio di Fred. Innanzitutto dice a Fred che si sono già visti. Il musicista nega, ma noi spettatori sappiamo che è vero: abbiamo visto quel volto proprio con i suoi occhi, sovrapposto a quello di Renee in una scena precedente. La bizzarra conversazione va avanti. Mystery Man dice a Fred che si trova a casa sua proprio in quel momento, e per dimostrarglielo gli dà un cellulare. Fred digita il numero e ingaggia un surreale dialogo a tre con l'uomo misterioso che ha davanti e con la sua voce al telefono. Fred chiede "Come sei entrato in casa mia?", e lui, "Mi hai invitato tu". Poi la conversazione finisce e l'uomo se ne va. Fred, agitato, ha ora un buon motivo per prendere la moglie e portarla a casa. Con lei si comporta in modo premuroso e protettivo, ma dentro di sé sta covando qualcosa di oscuro e indicibile. Ce ne accorgiamo quando, a casa sua, lo vediamo varcare per l'ennesima volta una soglia che porta in un luogo buio e non ben collocato, una stanza che sembra corrispondere a un luogo interiore. Renee lo cerca, "Dove sei?"... è la stessa situazione di un sogno che, in precedenza, Fred le aveva raccontato, e che ora si realizza. La verità balza fuori in tutta la sua evidenza nella terza e ultima delle videocassette misteriose: dopo le solite riprese della casa, il filmato si chiude con Fred tra le membra squarciate di Renee.

Fred finisce in carcere, tormentato dal rimorso e dalla gelosia. È in preda all'insonnia e ha lancinanti mal di testa. In prigione, sul suo letto, ruota velocemente la testa a destra e a sinistra. Le immagini si sovrappongono, come lasciando una scia, creando nella mente dello spettatore una rappresentazione statica e dinamica al tempo stesso: fa pensare a un quadro di Bacon. La scena ricorda anche *Persona* e *The Elephant Man*, dove sono rispettivamente l'infermiera Alma e la madre di Merrick a dimenarsi in modo simile.

Arrivati a questo punto, possiamo dire che – razionalmente parlando – la prima sezione del film sembra "normale", ma il racconto fa acqua da tutte le parti. A parte la scena di Mystery Man, c'è almeno un altro particolare: le videocassette. Chi le ha girate? Chi, se non Fred? E come ha fatto, allora, a riprendersi? La risposta è semplice: le videocassette non esistono nella realtà, sono un elemento del subconscio del protagonista, che entra nel suo ricordo dei fatti avvenuti. Fred è ossessionato da diverse idee, tutte riconducibili alla gelosia: teme che la moglie lo tradisca, che sia amata/sfruttata da un criminale di nome Dick Laurent. E tutto questo si paleserà nella parte successiva del film, quella in cui entra in ballo l'altro protagonista, Pete Dayton.

Seconda parte: il sogno. Innanzitutto, che si tratti davvero di un sogno – o, meglio, un delirio, Lynch l'ha definita una "fuga psicogena" – lo dimostrano un paio di osservazioni.

Osservazione 1. Narrazione cinematografica. Nella prima parte si seguiva una narrazione apparentemente tradizionale, salvo poi accorgersi che qualcosa non andava, che si trattava di una realtà contaminata dal delirio. Possiamo dire che la prima parte è il ricordo degli avvenimenti – che gradualmente riemergono dal subconscio – dal punto di vista di Fred. La seconda parte, invece, è caratterizzata da una narrazione onirica, emotiva, priva di rapporti di causa-effetto e dominata da impulsi interiori o associazioni di idee.

Osservazione 2. La seconda parte non ha senso senza la prima (mentre la prima, più o meno, sta in piedi da sola). Infatti non si capisce bene chi sia Pete e da quale storia provenga, mentre risulta chiarissimo che ha diverse cose in comune con Fred, a cominciare da un buon orecchio (Pete è un meccanico, ma è definito il "migliore orecchio della città") e dalla sua passione per una donna che, a parte il colore dei capelli (è bionda anziché bruna), è identica a Renee. E infatti è interpretata dalla stessa attrice. In entrambe le parti, inoltre, il baricentro emotivo è la morte di Renee.

Tanto per capirci, quello che nel film si può considerare "fuga psicogena" è ben descritto su Wikipedia: "Per fuga psicogena o dissociativa si intende un improvviso e inaspettato allontanamento dal proprio ambiente, con incapacità a ricordare il proprio passato, confusione riguardo alla propria identità e parziale o completa assunzione di una nuova individualità". Non è tanto importante che la definizione sia corretta, quanto che corrisponda a ciò che avviene nel film. E infatti corrisponde. La seconda parte è piena di elementi presi in prestito dalla prima e rielaborati come in un sogno: è più o meno la stessa cosa che avviene nel *Mago di Oz* e in *Mulholland Drive*, per citare solo i due più lynchiani tra gli esempi.

Fred, insomma, in preda al delirio si "trasforma" in Pete e vive un'esperienza onirica. A cominciare dal fatto che, non essendo colpevole di alcun reato, Pete viene rilasciato e torna a casa dai suoi genitori. Ci sono due poliziotti che lo seguono: sono la proiezione nella mente di Fred dei due che lo hanno arrestato (il tema dei due poliziotti si ritrova anche in *Mulholland Drive* ed è preso in prestito da *Sunset Boulevard*; per di più, anche in cella ci sono due guardie che si occupano di Fred).

Rinato a nuova vita, Pete si ritrova in una casa simile a quella di Jeffrey in *Velluto blu*, con il suo bianco steccato... il giardino, però, è circondato da un muro, che ci ricorda la prigione in cui si trova Fred. Segue una parte in cui Pete riprende i contatti con la sua ragazza Sheila e con Arnie, il suo datore di lavoro. Pete risulta essere meccanico in un'officina. Tra i suoi clienti c'è Eddy, una sorta di boss suo grande estimatore. Appena saputo che Pete è tornato, Eddy va a trovarlo e lo porta a fare un giro in macchina per fargli sentire quello che non lo convince della sua auto: il rumore. Miracolosamente, quasi come uno sciamano della meccanica, o come un musicista,

Pete regola le parti meccaniche in modo da ottenere la perfezione richiesta: "L'orecchio più sensibile della città", commenta il boss compiaciuto, che alla fine offre al giovane una ricompensa in dollari. Gli dà anche una videocassetta porno, ma Pete la rifiuta. E anche questi sono indizi che Pete altro non è che la proiezione di Fred in sogno (infatti il tema della videocassetta richiama la prima parte del film). Per non parlare del fatto che i due poliziotti che pedinano Pete riconoscono in Eddy la persona di Dick Laurent. Cioè colui che, come sarà chiaro alla fine della storia, Fred identifica come il colpevole numero uno della dannazione della moglie.

Altri indizi del fatto che si tratta di un sogno arrivano il giorno dopo, quando Pete è al lavoro in officina e la radio trasmette un pezzo di jazz. È uno di quelli che suona Fred. A Pete viene il mal di testa e cambia canale. Questo dettaglio, che sarebbe del tutto inutile se le identità di Fred e Pete fossero distinte, ci ricorda che il vero protagonista è sempre lui, Fred. Proprio a questo punto, infatti, accade qualcosa di importante: si presenta in officina Eddy con la sua donna, Alice, una bionda mozzafiato che altri non è se non Renee con i capelli color platino. Pete è abbagliato dalla sua bellezza, come anche la musica di sottofondo lascia intuire: è un colpo di fulmine da manuale.

L'attrazione tra Pete e Alice è reciproca, infatti la donna va a trovarlo la sera stessa, in officina. Tra loro comincia una storia d'amore appassionata, di cui Pete ha timore all'inizio, ma nella quale si tuffa con sempre maggior convinzione. Così come, nella realtà, Fred è tradito, per contrappasso nel sogno è Piet a tradire e a spingere la donna a tradire. Soprattutto, è lui ad avere le chiavi del cuore di Alice, e a possederla come Fred avrebbe voluto fare con la moglie. A questo punto la passione esplode e la narrazione si fa sempre più onirica. I due si vedono ancora in una stanza d'hotel, la 206 (la stanza 26 è quella in cui, come vedremo, si consumerà il tradimento di Renee con Dick Laurent). Ma qualcosa va storto. Compaiono i lampi, siamo a casa di Pete, squilla il telefono. È il segno che si stanno risvegliando gli incubi di Fred. Infatti al telefono è Alice che dice a Pete: "Miao, miao. Sono io. Non ci possiamo vedere stasera". Il motivo? "Devo accompagnare Eddie in un posto", così come nella vita reale Renee doveva accompagnare Fred ai concerti.

La curiosità

David Lynch ha raccontato che la scena iniziale di *Strade perdute* è nata da un episodio che gli è realmente accaduto. Un giorno suonarono al suo citofono e lui andò a rispondere. "Dick Laurent è morto", disse una voce. Lynch andò alla finestra per vedere chi fosse, ma non vide nessuno.

Rimasto solo nella stanza, Pete vede girare tutto intorno a sé, e il pensiero di Alice lo ossessiona. In realtà è il pensiero di Renee che torna a fare breccia nella mente di Fred. La musica esprime tensione, un ragno si arrampica sulla parete: forse sono elementi della realtà in cui si trova Fred (la cella) che entrano nel sogno. Pete prova a fuggire dalle sue preoccupazioni, a distrarsi con la sua ragazza, ma non basta. Quando torna a casa, trova i suoi che lo aspettano. Il padre gli dice che è venuta la polizia, per chiedere che cosa fosse successo "l'altra notte" (non può che essere quella in cui è morta Renee). Ma Pete non ricorda niente: per forza, questa è una cosa che riguarda Fred, non lui. I genitori rivelano di averlo visto rientrare con Sheila, la sua ragazza, e che c'era un uomo con loro, un uomo che non avevano mai visto prima. Facile immaginare che fosse Mystery Man. Infatti subito dopo compaiono in un flash le immagini sfocate del corpo mutilato di Renee, l'epicentro emotivo del terremoto interiore di Fred/Pete.

Il giorno dopo Eddy va a trovare Pete e gli dice, in modo allusivo, alcune parole che avrebbe potuto pronunciare Fred a proposito di Renee: "Avrai notato la ragazza che stava con me l'altro giorno [...] Se mai dovessi scoprire che c'è qualcuno che se la fa con lei, prenderei questa...", e qui Eddy fa vedere una pistola. "E gli spappolerei il cervello". Ma Pete continua a sentirsi e a vedersi con Alice, e il telefono che squilla è il simbolo della loro relazione.

Alice è preoccupata, dice che Eddy sa tutto. Nel gioco dei ruoli ora Eddy ha preso il posto di Fred: è lui che vuole uccidere Renee/Alice per gelosia. Alice propone a Pete una via d'uscita: uccidere "un tale", che "paga le ragazze per farci dei festini": è Andy, l'amico di Renee. Infatti Alice rivela che lo aveva conosciuto in un locale, il Moke's: è la stessa cosa che aveva detto Renee nella prima parte del film. Il sogno dà dunque forma ai peggiori sospetti che aveva ingenerato Renee in Fred, non appena Andy era entrato in gioco. A prima vista sembrerebbe lui l'elemento pericoloso. In realtà Alice fa capire che il vero colpevole è un altro: il Signor Eddy, alias Dick Laurent. È lui che la costringeva a girare film porno.

Pete/Fred si convince subito che il vero nemico è Eddy/Dick Laurent, ma nel frattempo farà fuori Andy. Non prima, però, che Pete si lasci definitivamente da Sheila e sia minacciato ancora una volta per telefono. Questa volta Eddy gli passa un uomo: è Mystery Man. "Ci siamo già conosciuti", dice Mystery Man a Pete, così come aveva detto a Fred nella prima parte del film. Pete reagisce allo stesso modo del suo alter ego reale: "Dove?", ribatte incredulo. "A casa tua".

Pete non vede l'ora di risolvere la situazione. Si reca al luogo dell'appuntamento con Alice, e lì vede i suoi incubi materializzarsi: su uno schermo nel salone è proiettato un video porno, che ha Alice come protagonista. Arriva Andy, Pete lo aggredisce di sorpresa, colpendolo alla testa. Andy perde i sensi. L'atmosfera è irreale. Il video continua a girare, Alice scende dalle scale seminuda. Poi Andy, anche lui seminudo, si sveglia e va a schiantarsi, sempre di testa, sullo spigolo di un tavolino, dove rimane stecchito. Questa scena surreale fa pensare a William Holden, l'attore protagonista di *Sunset Boulevard*, morto nella realtà andando a sbattere con la testa contro lo spigolo di un tavolino in seguito a una caduta.

Siamo nel cuore del sogno, e i personaggi reagiscono emotivamente. Ma non lo fanno seguendo la propria psiche, bensì quella di Fred. Così, quando Pete commenta "L'abbiamo ucciso", Alice gli rinfaccia "Tu l'hai ucciso!" (ricorda Laura Palmer con Bobby, di fronte al cadavere dello spacciatore, in *Fuoco cammina con me*). Alice reagisce in modo disumano, gelido, irrealistico (se non in un sogno): arraffa quando può per realizzare il suo piano di scappare con Pete. Quest'ultimo, però, nel vedere le immagini porno che scorrono sulla parete, è sconvolto. La gelosia esplode, la realtà si deforma. Si distingue una foto in cui compaiono Eddy, Alice, Renee e Andy. "Quella non sei tu!", dice Pete stravolto, "Ma sei tutte e due!" (e qui torna alla mente Alma, in *Persona*, quando dice "Si può essere due persone contemporaneamente?"). Pete sta male – in realtà è Fred che prende un barlume di consapevolezza del sogno che sta facendo –, gli esce ancora sangue dal naso, questa volta spontaneamente, senza che nessuno l'abbia picchiato (è segno di tensione emotiva). Con fatica si reca al piano di sopra, sta cercando il bagno. Ma si ritrova nel corridoio di un hotel, in mezzo a lampi che – come al solito – indicano che qualcosa non va. Vede la stanza n. 25, la passa, entra nella 26. Qui trova una coppia che sta scopando. Si vede solo il volto di una donna, allo specchio, deformata come in un incubo: "Forse volevi parlarmi?", gli dice spietatamente, mentre viene posseduta. È Renee che parla. "Volevi forse chiedermi: Perché?".

È un momento critico del film: noi vediamo Pete, ma è Fred che continua a confrontarsi con l'ossessione del tradimento di Renee. Pete chiude la porta della stanza. Gli sanguina ancora il naso. Scende. Si dirige verso Alice che sta derubando gioielli come se nulla fosse, mentre il video porno continua a girare sulla sua testa. Pete si avvicina, Alice gli punta una pistola contro. Ora che si è reso conto del tradimento, Pete/Fred è diventato pericoloso. La donna è allarmata. "Che ti prende?", dice. "Non hai fiducia in me?". Pete non dice e non fa nulla. E la preoccupazione di Alice/Renee si trasforma in sorriso: si rende conto che il suo uomo, ancora una volta, ha ceduto di fronte a lei. Lo ha in pugno. Dunque lo bacia e gli propone di andare da un ricettatore che lei conosce per vendere i gioielli e la macchina di Andy, in cambio dei soldi e dei passaporti necessari per fuggire insieme. I due si ritrovano in macchina, destinazione il deserto. Nella notte si vede una capanna che si ricompone dalle ceneri, bruciando al contrario nel tempo. La capanna è il cuore del subconscio di Fred, andata in fiamme con il gesto estremo (l'uxoricidio) che gli ha fatto perdere ogni controllo. È questo il punto di arrivo del suo sogno.

"Perché io?", chiede a questo punto Pete/Fred ad Alice/Renee, "Perché hai scelto me?". E in una scena di straordinaria bellezza, sotto una luce irreale che è quanto di più simile alla luce dei lietofine lynchiani si possa trovare in questo film, i due fanno l'amore. La scena è ripresa al rallentatore, la musica enfatizza il trasporto emotivo. Pete/Fred esclama più volte: “Ti voglio!”. Ma la musica si fa dissonante, Alice/Renee si avvicina al suo orecchio e dice: “Tu non mi avrai mai!”. Per forza, Alice è un sogno mentre Renee è morta.

A questo punto avviene un colpo di scena. Alice se ne va ed entra nella capanna. Pete rimane per terra con i pugni chiusi, e quando si alza non è più lui: è Fred. Ha paura, la musica è dissonante, lampi sconnessi illuminano la scena. Come un folletto, compare Mystery Man, che comincia a seguirlo con la telecamera. Fred fugge in macchina, ha sempre più paura. Mystery Man è il diavolo nascosto nel suo subconscio. Nel bel mezzo di un temporale, Fred raggiunge il Lost Highway Hotel. Si ritrova in un corridoio come quello in cui era poco prima il suo alter ego Pete a casa di Andy. Come Pete, Fred passa davanti alla stanza 26 (lo stesso numero di quella di Henry in *Eraserhead*) e sente i gemiti di Renee (adesso è proprio lei, la bruna) che fa l’amore con Eddy/Dick Laurent. Fred va oltre ed entra nella sua camera, la 25. Quando vede Renee andarsene, prende la pistola e aggredisce Dick Laurent rimasto solo. Lo colpisce alla testa e mette il corpo nel bagagliaio della sua macchina. Poi lo porta nel deserto dove, con l’aiuto di Mystery Man – ora alleato – lo uccide. Il film finisce con Fred che va al citofono di casa sua e dice: “Dick Laurent è morto”, ma è costretto a fuggire, inseguito dalla polizia. Fugge per ore. Da mattina si fa giorno, poi notte. Le sirene suonano alle spalle. Fred comincia a urlare e a muovere la testa freneticamente a destra e a sinistra, come in un quadro di Bacon. Sta perdendo ancora una volta la sua identità, sulle strade perdute.

Che cosa vuol dire tutto questo? Il film, come già detto, è il racconto di quello che succede nella testa di Fred. Un mix di ricordi, realtà e delirio. A differenza di altri film del regista (*Eraserhead, The Elephant Man, Fuoco cammina con me*), qui il protagonista non riesce, al termine dei suoi tormenti, a trovare la via della luce. Vittima delle sue ossessioni che si ripetono in un loop infinito, Fred rimane infatti perennemente vincolato all’oscurità. Il film è come un nastro di Moebius, una figura geometrica che si richiude su se stessa in modo tale che le sue due facce coincidono, senza che sia possibile distinguere l’esterno dall’interno. E noi spettatori seguiamo Fred nel suo viaggio, incanalati nei suoi flussi mentali senza poter separare chiaramente la fantasia dalla realtà.

Quanti omicidi ha commesso Fred? Due, quello di Dick Laurent e quello di Renee. Mentre l'omicidio di Renee è reale, però, quello di Dick Laurent non è detto che lo sia. Dick Laurent potrebbe essere solo un fantasma nella mente di Fred, un personaggio al quale addossare la responsabilità dei tradimenti – veri o presunti – di Renee. E il suo omicidio potrebbe essere solo simbolico, una valvola di sfogo costruita dal cervello malato per trovare un po' di sollievo con una vendetta mai realmente avvenuta. Questa ambiguità è coerente con l'idea del film, che è costruito dal punto di vista di una mente psicotica, offuscata dalla gelosia.

Fughe mentali. "Adoro l'espressione *fuga psicogena*. In un certo senso il termine musicale *fuga* si adatta alla perfezione al film, perché c'è un tema che poi viene sostituito da un altro. Per me, il jazz è la cosa più vicina alla pazzia che vi sia in musica", ha detto Lynch in un'intervista pubblicata su *American Cinematographer*. È chiaro che per il regista si tratta innanzitutto di una definizione creativa. Ignazio Senatore, psichiatra e psicoterapeuta presso il Dipartimento di Neuroscienze dell'Università Federico II di Napoli, nonché ideatore del sito www.cinemaepsicoanalisi.com, precisa: "Alle 'fughe psicogene', noi psichiatri prediligiamo la definizione clinica di 'disturbo dissociativo', che rimanda, più specificatamente, a stati alterati di coscienza, amnesie, perdita di identità".

Commistione tra cinema e vita reale. Robert Blake, nato Michael James Gubitosi, cioè Mystery Man, il demone malvagio che spinge Fred all'uxoricidio, qualche anno dopo l'uscita del film è balzato alle cronache per l'accusa di omicidio della moglie Bonnie Lee Bakley, che notoriamente frequentava celebrità per denaro. La donna fu uccisa da un colpo di pistola alla testa di fronte al ristorante Vitello's, a Los Angeles. Ma al termine del processo Blake fu giudicato innocente.

Il film è stato in parte ispirato anche da due episodi di cronaca: il caso "Black Dalhia", una donna che fu trovata tagliata a metà nel 1947, e il più recente caso O.J. Simpson (da qui l'idea dell'inseguimento). Nel film è presente anche Marilyn Manson, insieme con il suo chitarrista Twiggy Ramirez, sia nel ruolo di attore porno, sia nella colonna sonora.

Anche in questo film, così come in *Eraserhead*, il regista ha avuto la possibilità di dormire sul set. "Se ami il mondo del cinema così tanto, vuoi starci dentro", ha detto Lynch in un'intervista. "Per cui è fantastico se durante la lavorazione di un film ci vivi e ci trascorri più tempo che puoi. Così il mondo ti si rivela di più".

Percorso cinematografico consigliato

- *At Land* (1944)
  In questo corto di Maya Deren (ma anche in diversi corti surrealisti) compare l'idea del tempo che scorre al contrario. Come nel caso dell'incendio del capanno in *Strade perdute*.

- *Vertigo* (1958)
  In comune con *Strade perdute* e *Mulholland Drive* il tema del "doppio": la protagonista, secondo i casi e le convenienze, si materializza nelle spoglie della bionda Madeleine Elster o in quelle della bruna Judy Barton.

- *Persona* (1966)
  "Si può essere due persone?", si chiede Alma in questo film, toccando uno dei temi di *Strade perdute*. Per di più, nel momento in cui avviene lo scambio di identità, la donna muove la testa a destra e a sinistra in un modo simile a come fa Fred in *Strade perdute*.

- *Velluto blu* (1986)
  Compare anche qui il tema della strada e l'ambiente di Spokane dell'infanzia di Lynch.

- *Una storia vera* (1999)
  Questo film si può citare per contrasto. Compare sempre il tema della strada, ma percorsa con lentezza invece che con frenesia. Alla follia di Fred, inoltre, si contrappone la saggezza di Alvin. All'amore passionale, quello fraterno. Alla rottura, la riconciliazione.

CAPITOLO 10.
MULHOLLAND DRIVE.
IL SOGNO DI HOLLYWOOD

Rivoluzionario, complesso, intenso, ricco di idee e di piani di lettura, *Mulholland Drive* è il capolavoro di Lynch. È stato un successo di critica e di pubblico, con 20,1 milioni di dollari di incasso. *Mulholland Drive* è probabilmente il film più amato dai fan, e certamente il più premiato. Tra i tanti riconoscimenti, la Palma d'oro a Cannes.

Genesi. Il film era nato come episodio pilota di una serie tv per l'emittente statunitense Abc. La storia ruotava attorno al mondo di Hollywood e alle aspirazioni di una giovane attrice (Naomi Watts). Il lungometraggio introduttivo, di 90 minuti, fu girato; ma non fu mai mandato in onda, con grande disappunto di Lynch, che in seguito decise di trasformarlo in film: girò alcune scene aggiuntive, le montò insieme alle precedenti fino a raggiungere un totale di 146 minuti e presentò il lavoro al festival di Cannes del 2001.

La struttura del film risente di questa genesi. La prima parte, fino a quando la bruna Rita mette la parrucca bionda, è presa dall'episodio pilota ed è ricca di spunti che avrebbero dovuto avere uno sviluppo nelle puntate successive. Si spiega così la presenza di tanti personaggi e di tanti episodi frammentari. La seconda parte, a partire dall'amore saffico tra Betty e Rita, è stata aggiunta un anno e mezzo dopo, proprio per tirare le fila delle tante linee narrative lanciate nell'episodio pilota. In questo caso Lynch ci riesce in modo efficace, al punto di dare l'impressione allo spettatore che il film sia stato pensato al contrario, con la prima parte costruita in funzione della seconda.

Di che cosa parla il film. È la storia di una giovane aspirante attrice che va a Los Angeles attratta dal sogno di Hollywood, ma non ce la fa. Le sue aspirazioni, le sue passioni, il suo amore per un'altra donna, la gelosia e il fallimento sono magnificamente rappresentate sullo schermo in un modo che si può paragonare al mondo interiore di Fellini in *8½*. Lynch ha definito *Mulholland Drive* "una storia d'amore in una città di sogni". Molti dei milioni di spettatori che lo hanno visto ancora si domandano quale sia il suo vero senso.

Numero di interpretazioni possibili. Sono una trentina quelle riportate nel dettagliatissimo sito www.mulholland-drive.net, oltre a quelle aggiuntive postate dagli utenti. Lo stesso Lynch, nel dvd rilasciato nel 2002, ha inserito un foglio con "10 indizi per decifrare il thriller" (un gioco che non dirime la questione delle interpretazioni multiple). Ma non è questo il punto. Più che il numero di interpretazioni possibili, ciò che affascina di questo film sono i piani di lettura. Come vedremo, ce ne sono diversi, tutti ben miscelati e integrati tra loro.

L'inizio. Nella prima scena c'è un jitterbug, un ballo della prima metà Novecento, con musica di Angelo Badalamenti. La danza – realizzata al computer – presenta già un'idea di dualità, dato che vi compaiono i ballerini insieme alle loro "ombre", nel senso di sagome nere che si muovono in modo indipendente. A un certo punto, ai ballerini si sovrappongono le immagini luminose di una ragazza e due anziani signori: sono la protagonista Betty/Diane (Naomi Watts) e i suoi due accompagnatori che compariranno più tardi nel film. La musica è allegra, l'atmosfera anche: siamo in un sogno. Ma d'un tratto l'atmosfera (con la musica) cambia e ci troviamo immersi nella cruda realtà: una camera da letto squallida e disordinata. Poi un cartello con la scritta Mulholland Drive illuminato da bagliori (il solito segno di qualcosa che non va). E qui comincia il film.

Sogno e realtà. La prima parte è quella che solitamente viene definita "il sogno" della protagonista, il cui vero nome è Diane. A essere precisi, più che un sogno la prima parte è un delirio, qualcosa di simile alla fuga psicogena di *Strade perdute*: un'alterazione mentale della realtà, in cui la protagonista si riversa in punto di morte, cambiando nome da Diane a Betty pur mantenendo inalterato l'aspetto fisico. La prima parte del film è dunque un'elaborazione onirica che si sviluppa nella mente della protagonista, in cui emergono a tratti le sue aspirazioni e le sue emozioni (il sogno di diventare attrice di successo, l'amore, il riconoscimento sociale), a tratti i suoi incubi più neri (le trame oscure contro di lei, la gelosia, la vendetta, la paura, la morte). In ogni caso, tutto o quasi quello che avviene nella prima parte trova riscontro e fondamento nella seconda, che rappresenta appunto la squallida realtà nella quale la donna è imprigionata.

La prima parte è più lunga ed elaborata della seconda, che viceversa è breve e densa di contenuti. Questi contenuti, però, sono gli elementi che danno un senso alla prima parte, facendo chiudere il cerchio. Per essere più concreti, gli elementi in questione sono: Camilla Rhodes (la donna amata dalla protagonista Diane), l'appartamento in cui Diane vive, il Cowboy, Coco, il regista Adam Kesher, il film *Sylvia North Story*, il telefono che squilla, il killer assoldato per vendicarsi, il denaro dato all'assassino, la chiave simbolo della vendetta compiuta. E così via. Attenzione, però. Un po' come in *Strade perdute*, se è vero che la seconda parte rappresenta la realtà, è anche vero che questa realtà è vista con gli occhi della protagonista, e quindi non è una realtà oggettiva ma costruita a partire da ricordi, emozioni, ossessioni, delirio. Fino alla tragica conclusione finale.

Chi è la protagonista e che cosa le succede. La protagonista vera del film è Diane Selwyn: tutto quello che accade è un riflesso della sua vita, dei suoi ricordi e della sua esperienza. Lei stessa, nel finale, spiega chi è e che cosa l'ha spinta lì: "Vengo da Deep River, Ontario, una piccola città [...]. Un giorno vinsi una gara di jitterbug, e questo mi spinse alla recitazione". Diane voleva diventare attrice e sfondare a Hollywood. Conobbe Camilla Rhodes sul set del film *Sylvia North Story* e s'innamorò di lei. Diane voleva quella parte, ma il regista scelse Camilla. Le due donne divennero amiche e amanti, e Camilla aiutò Diane ad avere alcune parti nei suoi film. Dunque delle grandi aspirazioni di Diane resta poco o niente, a stento la ragazza riesce a sopravvivere in uno squallido appartamento. Ma, soprattutto, la lesbica e devota Diane è umiliata emotivamente dalla donna che più di ogni altra ama. Camilla, infatti, ha una sensualità senza freni che le impedisce di legarsi a una sola persona. Non disdegna altre donne, ma soprattutto decide di sposare il regista Adam Kasher e lo fa sapere a Diane con crudeltà e freddezza durante un ricevimento organizzato apposta per annunciare il matrimonio. Diane tocca il fondo della disperazione, e i volti che vede in quell'occasione – carichi di emozioni negative – torneranno nel suo sogno/delirio. Nella realtà raccontata alla fine del film, Diane decide di uccidere Camilla. Assolda un killer e gli fa vedere la foto dell'ex amante: "È lei la ragazza", dice con determinazione (una frase ripetuta in maniera ossessiva in tutto il film). Poi consegna i soldi al killer, che le fa vedere una chiave blu: quando il crimine sarà stato compiuto, lei troverà quella chiave in un posto convenuto. Diane chiede che cosa apra la chiave, ma il killer si mette a ridere. Le scene successive ci portano nell'appartamento di Diane, dove rivediamo la chiave blu sul tavolino. L'idea che Camilla sia morta tormenta Diane, che ora è assalita dai rimorsi. Le figure dei due anziani signori che comparivano all'inizio (e la cui identità rimane oscura) l'assalgono ridendo, si ingigantiscono, urlano e la rincorrono fino alla camera da letto, dove la donna apre il cassetto, tira fuori una pistola e si spara.

Torniamo alla prima parte. Ora che sappiamo chi è Diane Selwyn e che cosa le succede, torniamo alla prima parte. Fin dall'inizio, ci troviamo in un'atmosfera da favola: Diane rivive il suo arrivo a Los Angeles e sogna una realtà alternativa in cui il suo talento di attrice emerge in tutta la sua forza nonostante le macchinazioni che avvengono alle sue spalle. I personaggi che incontra sono quelli della seconda parte del film, ma con i nomi o i ruoli scambiati, per cui lei stessa diventa Betty (nome preso in prestito dalla cameriera che l'ha servita quando era con il killer al Winkie's), mentre Coco resta Coco, sebbene diventi una manager di condominio invece che la madre di Adam Kasher. Coco, tra l'altro, nel sogno come nella realtà, si presenta sempre con le stesse parole: "Chiamami pure Coco, come fanno tutti". Camilla Rhodes, invece, presta il suo nome a un altro personaggio, mentre lei stessa resta senza nome e – in preda ad amnesia –, guardando una locandina di *Gilda* (1946), con Rita Hayworth come protagonista, decide di chiamarsi Rita. La donna, infatti, all'inizio del film (e del sogno di Diane), è vittima di un incidente dal quale esce viva per miracolo, ma senza ricordare più nulla, a cominciare dalla propria identità. In cerca di rifugio, entra nella prima casa che trova, e lì incontra Betty. Il filo portante della trama della prima parte del film è rappresentato dalle indagini che porta avanti Betty, improvvisandosi detective, per comprendere il mistero in cui si è imbattuta.

Perché Rita mette la parrucca bionda? Si potrebbe dire che lo fa per non farsi riconoscere dai due poliziotti che la stanno inseguendo, in seguito all'incidente avvenuto all'inizio del film. In realtà, il gesto sembrerebbe avere una motivazione più sottile. Rita, infatti, indossa la parrucca dopo essere stata con Diane nell'appartamento in cui la protagonista si è sparata. Cioè quando, al termine di un lungo viaggio onirico dentro di sé, Diane comincia a rendersi conto, per quanto lo si possa fare in un sogno, di essere lei la vittima di un terribile incidente, e non Rita.

Chi sono i fratelli Castigliane? C'è chi pensa che, nell'immaginario di Lynch, i due siano riconducibili a Dino De Laurentiis, cioè il produttore di *Dune* e *Velluto blu*, che soprattutto nel caso del primo film impose al regista alcune scelte. "Non è più il tuo film", dice con tono minaccioso Vincenzo Castigliane ad Adam Kesher, quando quest'ultimo tenta di ribellarsi. L'altro fratello, Luigi (quello che sputa il caffè), compare durante la cena in cui Diane viene a conoscenza del matrimonio di Camilla. È il punto più basso della vita emotiva della donna. Nauseata, Diane guarda il caffè che ha davanti. Poi vede per un istante un uomo (Angelo Badalamenti in veste d'attore) che cammina in fondo alla sala: naturale l'associazione tra il disgusto, il caffè e l'uomo, che nel sogno diventerà Luigi Castigliane, il produttore che vuole imporre le sue scelte.

Chi è il mostro dietro il muro di Winkie's? Una presenza sovrannaturale non meglio identificata, qualcosa di simile a Bob in *Twin Peaks* e a Mystery Man in *Strade perdute*. Si può dire che è un fantasma nella mente di Diane, un demone che rappresenta le sue paure/colpe/rimorsi riguardo alla morte di Camilla. C'è addirittura un tentativo, qualcosa di simile a un meccanismo psicologico, per dare a questo mostro la colpa dell'omicidio: "C'è un uomo, nel cortile qui sul retro", dice il protagonista del sogno, al Winkie's, all'inizio del film. "È lui la causa di tutto". Il mostro, in altre parole, sembra raffigurare la parte oscura di Diane, quella che le impedisce di volare alto, di avere successo e imporre al mondo le sue aspirazioni. Per questo la protagonista lo relega in un angolo e cerca di escluderlo dal suo sogno. Il mostro è la parte di sé che Diane rifiuta di vedere e di riconoscere. Ci riesce solo in parte, però. Alla fine i nodi vengono al pettine, il mostro ritorna, nell'ora della resa dei conti, con in mano il cubo blu che rappresenta il mistero di Betty/Diane.

Chi è il Cowboy. Un altro personaggio che compare per un istante alla cena in cui Camilla annuncia il suo matrimonio, e che Diane trasferisce in sogno. Nella prima parte, infatti, il Cowboy partecipa alla congiura ai danni del regista Adam Kesher, per imporre la protagonista di *Sylvia North Story*. Questo personaggio d'indubbio fascino – dotato di preveggenza, quasi un emissario del Divino, e associato alla sfera magica dell'elettricità (quando compare, c'è una luce che va e che viene) – è sospeso tra naturale e soprannaturale, come diversi altri "messaggeri" del mondo di Lynch a partire dalla Visitor 1 in *Inland Empire* (la preveggente all'inizio del film, interpretata da Grace Zabriskie). Una curiosità: il Cowboy è interpretato da Monty Montgomery, che è stato il produttore di *Cuore selvaggio*.

Chi sono i signori anziani che ridono? Ci sono presentati come i compagni di viaggio di Betty/Diane, quando la giovane aspirante attrice arriva a Los Angeles. La donna si chiama Irene, ed è interpretata da Jeanne Bates (Mrs X in *Eraserhead*), mentre il compagno resta senza nome. I due sono sempre sorridenti, fino a risultare disturbanti. Poi scompaiono, per tornare alla fine, quando si trasformano in due demoni urlanti che spingono Diane al suicidio. Potrebbero essere i nonni, i genitori adottivi o altro ancora, persone che hanno creduto nel suo successo ("Ricorda, ti guarderò sul grande schermo", dice infatti Irene a Betty, all'inizio del film). In ogni caso sembrano rappresentare il senso di colpa per il sogno fallito, e al tempo stesso il ridicolo in cui Diane si sente cadere in seguito alle umiliazioni subite da Camilla.

Club Silencio. Il Club Silencio costituisce un livello di realtà astratto del film. Non è indispensabile per la trama, ma è determinante per il suo senso. Compare infatti alla fine della prima parte e in chiusura, e costituisce una sorta di cornice, o contenitore, del film, per certi aspetti accostabile alla misteriosa scatola blu che consente il passaggio dal sogno alla realtà. Questo piccolo teatro semideserto è un luogo tipicamente lynchiano, con le sue tende rosse e gli spettacoli in playback (come in *Velluto blu*). Il tema che viene ribadito è quello della finzione (con tanto di fumi e luci, come nel *Mago di Oz*), del cinema (come in *8½*), dello spettacolo che deve andare avanti nonostante tutto, insensibile alle vicende umane. La cantante Rebekah del Rio che cade sul palcoscenico mentre intona *Llorando*, infatti, è paragonabile alla protagonista Diane, la cui fragile personalità viene triturata da quella spietata macchina mangiasogni che è Hollywood. E sembra suggerire che la nostra stessa esistenza è uno spettacolo del quale non siamo i veri protagonisti.

Un'osservazione sul nome, Silencio, che chiude il film ed evoca un'assenza, una finzione. "No hay banda", dice lo showman/prestigiatore, all'inizio dello spettacolo. Così come il protagonista Guido (Marcello Mastroianni), in *8½*, pressato da tutti coloro che vogliono saperlo, svela a Claudia (Claudia Cardinale): "Non c'è nessun film". Tutto questo è ribadito nella scena finale, quando la donna con i capelli blu di fronte al palco vuoto proclama: "Silenzio".

Altri elementi ricorrenti nei film di Lynch.

• Dualità. Sono presenti in *Mulholland Drive* le dualità bionda/bruna, luce/tenebre, realtà/sogno. Come in *Twin Peaks, Strade perdute, Vertigo* di Hitchcock, *Il silenzio* e *Persona* di Bergman, *Glen or Glenda* e così via.

• Il mistero. Rita, nella prima parte del film, è una donna piena di misteri, a partire dal nome. In questo senso assomiglia a Laura Palmer in *Twin Peaks*.

• Chiamare se stessi. A un certo punto del film Betty si ritrova, seppur inconsapevolmente, a chiamare se stessa al telefono: una situazione che ricorda la conversazione al cellulare di Fred con Mystery Man, in *Strade perdute*. Ma, nel caso di Betty, nessuno risponde.

• Telefonate. Il telefono che squilla – simbolo di trame nascoste, congiure e tradimenti – è un mantra di *Mulholland Drive*.

• Blu. Nel film, il colore blu – che Lynch spesso associa al sovrannaturale – ha una forte carica simbolica. Sono blu, infatti, la chiave triangolare che apre il cubo e il cubo stesso, oltre ai capelli della dama che chiude il film nel Club Silencio. Questo colore richiama già nel titolo *Velluto blu*. E anche la rosa blu di Gordon Cole in *Fuoco cammina con me*.

• La presenza di visitatori che cercano di riportare la protagonista alla realtà. In *Mulholland Drive* c'è Louise Bonner, che dice un paio di cose, entrambe vere (anche se nessuno le dà retta), con riferimento alla realtà al di fuori del sogno: "c'è qualcuno nei guai" (infatti Diane sta morendo) e "non è vero" (quando Betty si presenta; infatti quello è il suo nome nel sogno, non nella realtà). Due personaggi simili compaiono in *Inland Empire*, e sono la Visitor 1 (Grace Zabriskie) e la Visitor 2 (Mary Steenburgen). In *Fuoco cammina con me* c'è un personaggio che sembra avere un ruolo simile, ma che non parla: The Curious Woman (Ingrid Brucato), che si affaccia all'ingresso della roulotte di Teresa Banks durante l'ispezione dell'agente Chet Desmond.

• Marilyn Monroe. L'immagine di Betty stesa sul letto di morte potrebbe essere stata ispirata dalla tragica foto di Marilyn Monroe, quando fu trovata uccisa dai barbiturici.

Livello di lettura 1. Mix vita reale/cinema. Come nel film Diane Selwyn arriva dal Canada per tentare la fortuna a Hollywood, così nella vita ha fatto Naomi Watts, l'attrice che interpreta il ruolo, che veniva dall'Australia e dalla Gran Bretagna (la Watts, tra l'altro, riuscì a sfondare proprio grazie a *Mulholland Drive*). Nel film confluiscono anche le esperienze vissute da Lynch come regista (e solo lui sa fino a che punto). A cominciare dal suo arrivo a Los Angeles, che il cineasta ha descritto così: "Arrivai di notte, e non fu fino al mattino successivo, quando uscii da un piccolo appartamento nel boulevard San Vicente, che vidi la luce. E mi scosse l'anima. Mi sento fortunato con quella luce". Esattamente quello che succede a Betty/Diane nel film, quando arriva a Los Angeles. Poi c'è Rita, che soffre di amnesia e – vedendo il poster di *Gilda* – decide di prendere il nome dalla Hayworth. Quest'ultima, nella vita reale, soffrì di una forma precoce di Alzheimer, che cominciò a manifestarsi quando la donna aveva appena quarant'anni. Per finire, Rebekah del Rio: la cantante interpreta se stessa in una commovente versione spagnola di *Crying* di Roy Orbison. La canzone era stata registrata fine a se stessa, solo in un secondo momento Lynch ha pensato di inserirla nel film.

Livello di lettura 2. *Il Mago di Oz.* In *Mulholland Drive* ci sono molte citazioni al *Mago di Oz*, tanto da offrire un ulteriore livello di lettura. Innanzitutto, in comune con il capolavoro di Fleming c'è l'idea di un film diviso in due parti: la realtà e il sogno, con il sogno che è costruito con i personaggi che l'attrice incontra nella realtà. E in entrambi i casi dei genitori della protagonista non si fa menzione.

Stringente è il paragone tra il Mago di Oz e il prestigiatore del Club Silencio. In entrambi i casi, a fondamento di tutto c'è un'illusione – "No hay banda!", dice il prestigiatore – e tanto fumo. Lo stesso fumo che compare alla fine del film, quando Diane si spara.

Anche il nome del caffè, Winkie's, ricorda alcuni personaggi (i winkies, appunto) del *Mago di Oz*. Il colore verde della città di smeraldo si ritrova nel bar. E c'è, infine, il jitterbug. Diane, come abbiamo detto, racconta di essere andata a Hollywood dopo aver vinto una competizione di questo ballo. Nel *Mago di Oz* doveva essere inserita una scena con questa stessa danza, che però alla fine fu esclusa.

C'è, infine, una scena di *Mulholland Drive* che si può accostare a una scena del *Mago di Oz*, ed è quando Rita e Betty escono dall'appartamento in cui hanno trovato un cadavere (che poi è quello di Diane): le due donne fuggono spaventate, e più immagini si sovrappongono l'una all'altra creando un'atmosfera onirica. Lo stesso accade nel *Mago di Oz*, quando Dorothy si addormenta in camera e comincia a sognare: appaiono immagini multiple sovrapposte del suo volto.

Livello di lettura 3. *Persona.* Più ancora che con il *Mago di Oz*, i legami di *Mulholland Drive* con questo capolavoro di Bergman sono forti. In entrambi i casi ci sono contrasti estremi di luminosità. In entrambi i casi si fa riferimento al mondo del cinema/teatro. E in entrambi i casi le protagoniste sono una bionda e una bruna, e tra loro c'è un forte legame personale che culmina in uno scambio di identità. La bruna Rita senza memoria e il concetto del Club "Silencio" richiamano alla mente Elisabet Vogler (Liv Ullmann) in *Persona*: anche lei bruna, è un personaggio senza parola, perché ha deciso, per ragioni che restano ignote, di non parlare. "Non è facile per me", dice Alma a Elisabet in *Persona*. E le stesse parole rivolge Diane a Camilla in *Mulholland Drive*, quando l'amante le comunica che vuole troncare il loro rapporto.

Livello di lettura 3. *Sunset Boulevard*. Riguardo a questo film, amatissimo da Lynch, le osservazioni più interessanti sono due: 1) Come *Mulholland Drive*, anche questo è il racconto di un/una protagonista che in realtà è morto/a (e in entrambi i casi il tragico epilogo è presentato fin dall'inizio); 2) Norma Desmond in *Sunset Boulevard* e Diane in *Mulholland Drive* sono attrici e vivono in un mondo di sogno che non corrisponde alla realtà (anzi, in entrambi i casi il confronto con la realtà porta a una tragica fine).

Le citazioni del film di Wilder sono comunque molte. Per esempio, all'inizio di *Mulholland Drive* si vede un cartello che indica "Sunset boulevard". Anche il Winkie's in cui Diane commissiona l'omicidio di Camilla si trova nella stessa via. Poi c'è il tema dei due poliziotti sulle tracce di Rita/Camilla, come i due che seguono il protagonista Joe nel film di Billy Wilder: un'idea presente anche in *Strade perdute*. E ancora: quando Betty, nel suo sogno di gloria, si reca a Hollywood per il suo provino, si vede l'ingresso dei Paramount Studios con un'inquadratura simile a quella del momento in cui Norma Desmond si reca nello stesso luogo con Joe sulla sua Isotta Fraschini del 1929, in *Sunset Boulevard*. Per di più, nella scena girata da Lynch, si distingue una Isotta Fraschini parcheggiata all'interno, e pare che sia la stessa usata da Billy Wilder. Nella stessa inquadratura si scorge anche l'edificio dello Stage 4, che comparirà nell'ultimo film del nostro: *Inland Empire*.

Percorso cinematografico consigliato

- *Il Mago di Oz* (1939)
  Da notare soprattutto il Mago di Oz in persona, che si rivela un bluff: tutto il suo potere è una macchina che sputa fiamme e fumo. C'è fumo anche nel Club Silencio e sul letto di morte di Diane.

- *Meshes of the Afternoon* (1943)
  Cortometraggio con molte analogie con *Mulholland Drive*, dal contenuto onirico al suicidio della protagonista. In entrambi i film ricorrono alcuni oggetti-simbolo: una chiave, un grammofono, un telefono.

- *Sunset Boulevard* (1950)
  Numerose le citazioni di questo film, uno dei preferiti di Lynch, con *Mulholland Drive*. A cominciare da una grande passione per il magico, e spietato, mondo di Hollywood.

- *8½* (1963)
  Di Fellini, Lynch ammirava la capacità di dar forma in modo onirico al suo mondo interiore. In *8½*, poi, tutto verte attorno a un film che "non c'è". Così come, nel Club Silencio, "No hay banda": non c'è l'orchestra.

- *Il silenzio* (1963)
  Anche in questo film, come in *Mulholland Drive*, è centrale il tema della dualità, in questo caso tra le due sorelle protagoniste, di cui una è bionda e l'altra bruna.

- *Persona* (1966)
  Sono forti le analogie tra questo capolavoro di Bergman e *Mulholland Drive*. A cominciare, anche qui, dal tema della dualità. E dello scambio di identità tra le protagoniste.

- *Velluto blu* (1986)
  Jeffrey che si improvvisa detective in *Velluto blu* è come Betty che indaga sull'identità di Rita. In entrambi i film, come anche in *Fuoco cammina con me*, è importante il colore blu.

- *L'intervista* (1987)
  Qui, come in *Mulholland Drive, 8½* e *Inland Empire*, alcune scene raccontano la realizzazione di un film, per cui si crea una dimensione di "film nel film" che a volte coincide con il film stesso.

- *Strade perdute* (1997)
  Come in *Mulholland Drive* e in *Eraserhead*, anche in questo film c'è una realtà opprimente dalla quale il/la protagonista fugge attraverso un delirio nella forma di sogno o fuga psicogena.

CAPITOLO 11. *INLAND EMPIRE*, L'IMPERO DELLA MENTE

L'ultimo film di Lynch, insieme al primo, è il più enigmatico. Ed è anche lungo, spiazzante e complesso, fin troppo, tanto che in genere risulta del tutto incomprensibile a una prima visione. Infatti è arrivato in poche sale e molti nemmeno lo conoscono. Eppure è un bel film, che si apprezza meglio dopo averlo già visto, soprattutto se ci si abbandona all'istinto e alle emozioni, senza focalizzarsi troppo, almeno all'inizio, sul suo senso e sugli infiniti dettagli che lo costellano. Il film, nonostante tutto, ha avuto un buon successo di critica, anche se non è facile capire perché. La soluzione migliore per farsene un'idea è vederlo e rivederlo. Non che non ne valga la pena: David Lynch vi ha riversato tutto il suo mondo, spingendo all'estremo la tecnica narrativa – sogni, vite parallele e fughe psicogene – che aveva già sperimentato in *Strade perdute* e *Mulholland Drive*. E affrontando tutte o quasi le tematiche dei precedenti film: amore, tradimento, aborto, abuso, colpa, redenzione. Dopo un film così totalizzante, più in là in quella direzione David Lynch non poteva andare. E infatti *Inland Empire* è stata la sua ultima opera per il grande schermo.

In estrema sintesi. Il film è un caleidoscopio di immagini, storie e personaggi, in cui si intrecciano le vicende di una Lost Girl, un'attrice di nome Nikki Grace e una donna chiamata Susan (Sue) Blue. La Lost Girl è interpretata dalla polacca Karolina Gruszka, le altre due da Laura Dern. La storia comincia con la Lost Girl che piange di fronte a un televisore. Presto entra in scena Nikki, che viene scritturata per interpretare il ruolo di Sue nel film *On High in Blue Tomorrows*. Si scopre che il film è un remake di una pellicola tedesca dal titolo 47, basata su una leggenda di zingari polacchi, che non era mai stata completata perché gli attori erano stati assassinati. Dunque sul film sembra aleggiare una maledizione. La storia va avanti, con le vicende recitate che si mischiano a quelle reali e perfino a quelle dei protagonisti del film 47 in Polonia. Tutto questo tra sesso, tradimenti e vendette: a fondamento di ogni male sembra esserci un inquietante personaggio che ipnotizza/mesmerizza le persone e che viene chiamato il Fantasma (Krzysztof Majchrzak).

Alla fine Sue viene uccisa, pugnalata per strada con un cacciavite. Si esce così da *On High in Blue Tomorrows*, o almeno così sembra: si vedono le telecamere che riprendono la scena e, dopo la morte recitata, gli attori si alzano e se ne vanno. Si alza anche Nikki, che entra in un cinema e vede se stessa in tempo reale nel film in questione; è una scena che si sta costruendo in quel momento, dunque non siamo usciti affatto dal "film nel film". Ci siamo dentro fino al collo, e ci siamo fin dall'inizio. Ma ora siamo arrivati alla fine e Nikki trova finalmente il giusto indizio, l'occasione, l'iniziativa per far fuori il Fantasma e regalare alla storia il classico lieto fine lynchiano. Detta così sembra facile, in realtà non lo è affatto.

Su molti livelli. Il film è complesso innanzitutto perché presenta molti livelli di realtà, che per di più comunicano tra loro. Già in *Strade perdute*, come abbiamo visto, ci sono almeno due livelli di realtà: la storia di Fred (il "ricordo") e quella di Pete (il "sogno"). In *Mulholland Drive*, se ne distinguono anche tre: la storia di Betty (il "sogno"), quella di Diane (la "realtà") e un livello più astratto, appena accennato, che sembra quasi un contenitore "metafisico" del film (il Club Silencio). In *Inland Empire*, i livelli di realtà si moltiplicano come in un gioco di specchi. Abbiamo: 1) la Lost Girl chiusa nella sua stanza che piange, guarda la televisione e sogna; 2) la storia di Nikki a Los Angeles; 3) la complessa storia di Sue, che si svolge tra la Polonia e Los Angeles; 4) le vicende che gravitano attorno al film 47 in Polonia, negli anni '30 o giù di lì; 5) un livello astratto ed enigmatico, popolato da personaggi con testa di coniglio.

Per affrontare il film, è utile scomporlo nei vari livelli di realtà e poi provare a tirare le somme.

Livello 1: la Lost Girl. Dopo un breve prologo, il film comincia con la Lost Girl chiusa in una camera – nella realtà è una stanza dell'Hotel Grand a Łódź, una città polacca dove è stata girata una buona metà del film – che piange di fronte a un televisore acceso. Perché pianga non si sa, ma si intuisce che ha vissuto un dramma emotivo. Infatti nel prologo si vede una giovane donna che consuma un rapporto sessuale non troppo romantico in un albergo. I volti dei due personaggi sono oscurati, ma si può immaginare che si tratti proprio della Lost Girl, e forse del Fantasma. In ogni caso, i volti oscurati introducono subito una delle problematiche di questo film: l'identità.

L'immagine della Lost Girl che piange di fronte al televisore compare più volte, anche se poco a poco il pianto scompare e, alla fine, si trasforma in pura gioia. Questa semplice sequenza mostra il livello di lettura più semplice e immediato.

Livello 2: Nikki. L'attrice entra in scena nella sua magione di Los Angeles, quando bussa alla porta una donna che si definisce una "nuova vicina", si direbbe una zingara polacca. Nikki le offre un caffè. La vicina entra e comincia a fare allusioni e profezie, a partire dal fatto che presto Nikki sarà scritturata per un film, come infatti accadrà. Il film in questione è *On High in Blue Tomorrows*, in cui Nikki deve recitare con l'attore Devon Berk, che ha fama di sciupafemmine e deve interpretare il ruolo di Billy Side. Peccato, però, che Nikki ha un marito geloso, come viene evidenziato fin dall'inizio. In ogni caso non c'è niente da fare: tra i due attori scocca la scintilla, sia nella realtà che nel film; e infatti, proprio a partire da questo momento, i due livelli si mischiano fino a diventare inestricabili. Da spettatori, siamo trascinati nel livello 3, cioè nel film *On High in Blue Tomorrows* in cui Nikki diventa Sue. Ma, come già detto, quando Sue muore, vediamo che l'attrice Nikki si rialza e prosegue la sua storia. Apparentemente siamo tornati nel Livello 2, ma i livelli di realtà si fondono nel gran finale, in cui Nikki non è più ben distinguibile dal suo alter ego.

Livello 3: Susan. Questo è il livello più complesso del film, il suo cuore, verso il quale convergono tutti gli altri (o, dicono alcuni, dal quale gli altri sono "emanati"). Perché qui Sue non si comporta come un personaggio unico, ma presenta più personalità. All'inizio c'è la signora raffinata che si innamora di Billy; poi la donna che vive una squallida relazione con il suo compagno (Peter J. Lucas), che la picchia perché scopre che lei l'ha tradito. Infine c'è la Donna malconcia, cioè Sue dopo essere stata malmenata (anche qui, l'associazione è emotiva più che logico-razionale). Dopo aver salito una rampa buia di scale, Sue si ritrova di fronte a un enigmatico personaggio di nome Mr K. Mentre questi la ascolta in silenzio come uno psicanalista, la donna si abbandona a un lungo monologo in cui racconta la sua vita di soprusi e di violenze. La confessione è un insieme di fatti apparentemente incoerente, inframezzato da immagini che espandono, ma a volte contraddicono, quel che raccontano le parole. Alla fine, dopo aver snocciolato il suo dramma, la donna esce e si ritrova prostituta per le vie di Los Angeles. Ha un cacciavite in mano, ma sa di essere minacciata dalla legittima compagna di Billy. Infatti la donna, di nome Doris Side (Julia Ormond), si vendica colpendola all'addome. Sue muore miseramente per strada, sulla Walk of Fame, tra le stelle di Hollywood, le luci dei semafori e i barboni.

Alla fine si può dire che ci sono tre Sue, tutte nello stesso livello di realtà. Una simile a Nikki, cioè attrice di successo, che bene o male incarna il sogno di Hollywood. Un'altra che vive tra stenti e tormenti sentimentali, almeno in parte sovrapponibili alle vicende polacche (*v. punto successivo*). E infine la donna malconcia, che si racconta con disincanto e crudezza.

Livello 4: In Polonia. A complicare ulteriormente le cose ci sono le vicende legate al film 47, che – come in un mondo parallelo – si svolgono in Polonia qualche decennio prima. Le scene, girate in bianco e nero, sono enigmatiche, ma l'intreccio che descrivono è relativamente semplice. I protagonisti sono due coppie di personaggi senza nome. Innanzitutto c'è una donna che non può avere figli. Il suo compagno (Peter J. Lucas) la tradisce con un'altra donna (Karolina Gruszka). Ma il compagno di quest'ultima (Krzysztof Majchrzak, alias il Fantasma) se ne accorge e la picchia. Non solo. Non è chiarissimo che cosa succeda, ma sembra che questa prima incarnazione del Fantasma usi i suoi poteri magici di ipnosi per indurre la donna tradita a commettere un duplice delitto. Fatto sta che la storia finisce in tragedia.

Di questo intreccio ci sono da notare due cose: 1) lo schema, che a grandi linee ricalca le vicende di Sue, suo marito, l'amante Billy e la moglie di quest'ultimo, Doris Side (che infatti ucciderà Sue con un cacciavite); 2) l'ambiguità delle identità delle persone coinvolte, per cui nelle dinamiche degli omicidi è difficile concludere chi fa che cosa.

Altre ambiguità riguardano i rapporti con gli altri livelli di realtà, perché gli attori che interpretano i ruoli sono gli stessi. Karolina Gruszka, infatti, oltre che in queste vicende compare anche come Lost Girl, lasciando supporre che l'identità sia la stessa. Il suo compagno, che ha il volto di Krzysztof Majchrzak, sembra coincidere in tutto il film con il personaggio del Fantasma. Mentre l'uomo che si macchia di tradimento è Peter J. Lucas, lo stesso attore nel ruolo di Piotrek, cioè il marito geloso di Nikki e anche quello di Sue.

Un'ultima ambiguità riguarda i nomi. Quelli nelle vicende polacche non sono nemmeno assegnati, mentre nel livello di realtà di Nikki viene nominato Smithy, che sembrerebbe essere il compagno di Sue, ma di cui non c'è traccia nei titoli di coda. Nel film c'è perfino una battuta: "Chi è Smithy?".

Tutte queste ambiguità contribuiscono a rendere il film più astratto, enfatizzando le strutture, gli schemi, le dinamiche.

Livello 5: Conigli. Nel film compaiono di tanto in tanto scene tratte da *Rabbits*, una sitcom surreale apparsa originariamente sul sito www.davidlynch.com, nel 2002. Nella tradizione delle *situation comedies*, ma anche coerentemente con la vecchia idea del regista giovane di comporre quadri "in movimento", *Rabbits* è ambientata all'interno di una stanza, in cui si svolgono i dialoghi surreali dei tre protagonisti con corpo umano e testa di coniglio: Scott Coffey, Laura Harring e Naomi Watts, tutti attori che hanno avuto un ruolo in *Mulholland Drive*. L'ambiente in cui si svolge la vicenda è una stanza con un arredamento essenziale, che può ricordare *Eraserhead* e la Stanza rossa di *Twin Peaks*. Al suo interno, i tre personaggi si scambiano battute apparentemente senza senso, che danno un'idea di frammentazione (come se i dialoghi fossero stati scomposti e ricomposti a caso), alternate a risate preregistrate del pubblico inserite in modo casuale.

L'insieme è un mix comico, estraniante e misterioso. Una delle cose che si può dire è che le situazioni in cui si trovano i conigli ogni tanto sono collegate con quelle dei personaggi reali e ne ricalcano gli schemi. Come quando, al termine di una seduta spiritica, i tre uomini che l'avevano orchestrata si dispongono nella stanza in cui si trovano in modo tale che l'immagine subito sfuma in un'analoga scena della sitcom con tre coniglioni.

Qualcuno ha sostenuto che la realtà dei conigli è una sorta di regno ultraterreno, secondo le presunte convinzioni di Lynch. Può darsi; più prudentemente, è lecito considerarla un livello astratto di realtà, paragonabile al Club Silencio di *Mulholland Drive*.

Chi è il Fantasma? Sue, nel suo monologo di fornte a Mr K, lo definisce così: "Era un *marine* del North Carolina. Aveva una sorella con una gamba". Tuttavia questo personaggio non sembrerebbe legato a una certa epoca o collocazione geografica. Sembrerebbe piuttosto muoversi in modo trasversale tra i vari livelli di realtà, in varie epoche e in ogni luogo, dalla Polonia all'Inland Empire. È lui, infatti, l'incubo della Lost Girl ma anche il demone che (con il nome di Crimp) appare in visione a Sue con una lampadina rossa in bocca, spingendola ad afferrare il cacciavite che la ucciderà. Ed è sempre lui ad avere lo strano potere di ipnotizzare le persone e spingerle a compiere delitti. A detta della Donna malconcia, era stato lui a convincere il suo compagno ad abbandonarla per seguire un circo nei Paesi del Baltico. Quando lo si cerca, però, misteriosamente il Fantasma scompare. Così come scompare alla fine, quando – come abbiamo detto – Sue lo incontra in un corridoio e gli spara: il volto di questo effimero personaggio sfuma lasciando il posto a quello della donna. E lasciando intendere, così, che tutta la vicenda fosse interiore. Che il Fantasma in realtà forse nemmeno esisteva, ma che fosse piuttosto un demone, un "riflesso" del subconscio che, alla fine della sua avventura emotiva, la protagonista sconfigge.

Che senso ha il film? Per rispondere a questa domanda, partiamo da quel poco che ha detto Lynch. La prima affermazione è che si parla "di una donna nei guai e di un mistero". La seconda è una citazione delle *Upaniṣad*, gli antichi testi sacri della tradizione induista: "Siamo come il ragno, tessiamo la nostra vita e ci muoviamo al suo interno. Siamo come il sognatore, che sogna e poi vive nel suo sogno". Dunque queste parole suggeriscono che anche *Inland Empire* – così come *Eraserhead*, *Strade perdute* e *Mulholland Drive* – sia il racconto della vita interiore di un unico protagonista, in questo caso una donna, che costruisce l'intera realtà in cui si svolge il film. Si apre però, a questo punto, una nuova questione.

Chi è la vera protagonista? A questa domanda è più difficile rispondere. Il primo pensiero corre a Nikki, Sue e la Lost Girl. A complicare la scelta c'è il fatto che, nel finale, le tre donne compaiono in sequenza come per salutarci, segno del legame che le unisce e che le pone sostanzialmente sullo stesso piano. Di fatto questo film è come un caleidoscopio, un cristallo che brilla diversamente a seconda di come lo si guardi.

Il punto di vista più comune è che la vera protagonista sia Sue. L'idea del film nacque infatti da un incontro tra David Lynch e Laura Dern, che decisero di registrare un lungo monologo. Dunque c'è chi pensa che al centro del film ci sia la confessione di Sue nella forma della Donna malconcia, e che gli altri personaggi siano emanazioni della coscienza narrante. Un'altra possibilità degna di nota è che il film sia la costruzione onirica di Sue che muore sulla Walk of Fame, come Diane in *Mulholland Drive*. Infatti molti elementi di quella breve sequenza riverberano in tutto il film.

Il punto di vista più semplice e ricco di spunti di riflessione, comunque, sembrerebbe un altro: la vera protagonista è la Lost Girl, che in sogno crea le altre donne e attraverso di loro vive il suo percorso dal riconoscimento delle sue colpe alla salvezza. Per il resto, ci sono tanti personaggi ma una sola voce interiore, quella della ragazza che rivive mentalmente la sua storia. E non lo fa in maniera lineare, cioè rispettando la logica e lo scorrere del tempo; ma in maniera psicotica, allucinata, onirica.

Questo punto di vista è chiaramente diverso dai precedenti, ma ciò non vuol dire che le varie interpretazioni siano del tutto incompatibili tra loro; in molti casi coincidono, anche se cambia l'identificazione del livello più profondo della coscienza narrante.

Ripercorriamo dunque la trama alla luce della nostra ipotesi. Introduzione a parte, il primo personaggio a comparire è proprio la Lost Girl, che piange di fronte a un televisore acceso. La donna si immerge con l'immaginazione in quello che vede in tv, o che sogna di vedere. A cominciare da *Rabbits*. Il senso principale è che, con la protagonista, stiamo entrando anche noi nella scatola magica, la televisione. Ma, soprattutto, stiamo entrando nella testa della donna, nel suo immaginario, oltre che in quello di Lynch. Presto, infatti, appare un personaggio, che vorrebbe entrare anche lui. "Sento qualcuno", dice un uomo-coniglio. Nella stanza accanto si materializza il Fantasma. È nervoso. "Cerco un ingresso", si lamenta. Ma la protagonista vuole tenerlo fuori. Per il momento ce la fa. Il suo sogno/delirio/fuga psicogena continua nei panni di Nikki.

Nikki è la donna che tutte vorrebbero essere: elegante, ricca, attrice di successo. Nel sogno, però, si intromette la vicina, che con le sue insinuazioni e profezie cerca di riportare la protagonista alla realtà. Le profezie, oltretutto, non sono tali: a noi spettatori, che ancora non conosciamo la storia, sembrano previsioni di eventi futuri. Nella realtà, invece, sono richiami al passato della Lost Girl, alla tragedia che ha vissuto e alle sue colpe. "Qualunque azione ha delle conseguenze", ammonisce a un certo punto la donna, con una frase che abbiamo già sentito in *Twin Peaks* (Episodio 23, *v. Appendice*).

La prima profezia che si avvera è che Nikki sarà scritturata per il film *On High in Blue Tomorrows*. Durante le prove ai Paramount Studios di Hollywood, avviene un fatto strano. Mentre recitano una scena ambientata in quella che nel film è definita "la casa di Smithy", della quale c'è un modello in costruzione, gli attori avvertono una presenza. Devon va a guardare, nota qualcuno che fugge ma non riesce a raggiungerlo. In seguito si scoprirà che l'intruso era la stessa Nikki, a spiare la scena da un altro livello di realtà.

La realizzazione del film va avanti, e noi entriamo sempre più nella storia di Nikki e Devon. Nonostante tutti gli avvertimenti e i campanelli d'allarme, i due finiscono a letto, immortalati in una scena di sesso piuttosto realistica. La luce è blu, monocromatica, quasi fosse girata con gli infrarossi nell'oscurità. Le riprese sono estremamente ravvicinate. Ma a un certo punto la telecamera si sposta e inquadra l'ambiente intorno. Riconosciamo allora una lampada che ci fa capire dove siamo: è la casa in cui vivevano Susan e il suo compagno, possiamo ragionevolmente identificarla con "la casa di Smithy". Dunque stiamo scivolando senza accorgercene da una realtà all'altra: da quella di Nikki a quella di Sue (fermo restando che siamo sempre nel sogno della Lost Girl). Soprattutto, però, a questo punto appare Piotrek. O, meglio, l'equivalente di quello che era Piotrek nella realtà di Nikki che abbiamo appena lasciato: l'attore è sempre lui, così come Laura Dern è sia Nikki che Sue, ma la sua identità è diversa. L'uomo, in una scena surreale, osserva in silenzio i due amanti che fornicano. È fermo, in piedi, a pochi metri da loro.

Inutile dire che la situazione è del tutto assurda, se non ammettendo che siamo in un sogno, in cui la protagonista sta rivivendo il suo tradimento. Lo donna prova un tale senso di colpa da far sì che la paura di essere scoperta si materializzi nell'immagine del suo compagno che la guarda. Ma c'è di più. Durante il rapporto, Sue comincia a straparlare: "Ricordi l'altra sera, quando ho detto quella cosa che era successa?", biascica all'amante tra le lenzuola, e d'un tratto prende a esprimersi come la vicina preveggente all'inizio del film: "È successo ieri, ma io so che è domani. Era quella scena che abbiamo girato, quando esco a fare la spesa con la tua auto. Ero in quella strada laterale..." (a questo punto – a riprova del fatto che siamo in un momento in cui le identità si stanno mischiando – la donna dice: "Devon, sono io, Nikki", ma l'amante risponde chiamandola "Sue").

La storia – per associazione di idee – riprende in un vicolo, presumibilmente la "strada laterale" di cui stava parlando Sue un attimo prima. Seguendo la scritta "Axxon N.", si ritrova in uno spazio che, attraverso una serie di tappe e vicende la porterà, attraverso una rampa di scale, di fronte a Mr K. La prima tappa di questo viaggio è l'interno dei Paramount Studios dove prima avevamo visto Nikki e Devon provare una scena di *On High in Blue Tomorrows*. Il cerchio si chiude, dunque. Con un intreccio spazio-temporale di fronte al quale un film come *Interstellar* di Christopher Nolan appare come un fumetto per bambini, si scopre che – nella scena vista in precedenza – l'intruso era proprio Sue, atterrata come un alieno dalla realtà in cui si svolge il film a quella in cui il film è girato, come se si trattasse di due mondi paralleli e indipendenti: sono, infatti, due livelli diversi e ugualmente "reali" nel sogno della Lost Girl.

Quando Devon la insegue, Sue fugge dagli Studios e si rifugia in casa. Va in camera da letto: è quella in cui si è consumato il tradimento che abbiamo visto prima, e riconosciamo l'ambiente dalla lampada. Dal nulla compaiono alcune ragazze che parlano a turno: sono fantasmi nella mente di Sue, personificazioni delle sue voci interiori, e infatti fanno riferimento al compagno che l'ha abbandonata (Peter J. Lucas) e cercano di consolarla. Potremmo definirla una frammentazione della personalità, così come rappresentata da Bergman nell'*Ora del lupo*. Infatti questo è un tema importante: è l'intero film a essere frammentato, proprio come la personalità della voce narrante. I vari personaggi femminili, che poi si riveleranno prostitute, guidano Sue, e dunque la Lost Girl, verso la soluzione del suo enigma. Come in una seduta psicanalitica, la protagonista sta per accedere al cuore del suo dramma.

Ci ritroviamo dunque in Polonia, nelle vicende legate al film maledetto 47. E a riprova del fatto che al centro di tutto c'è la Lost Girl, la vediamo tornare in scena mentre fissa il volto di Piotrek/ Smithy (sempre Peter J. Lucas) in tv: è lui la persona che lei ama ed è con lui che vuole ricongiungersi. La sua espressione lo mostra oltre ogni dubbio, e questo legame tormentato è uno dei filoni portanti del film.

Dopo non molto compare Sue, nella forma di Donna malconcia che racconta la sua storia a Mr K. La donna è confusa, e ammette di non aver chiaro in testa l'ordine temporale degli eventi (un'altra idea che riverbera in tutto il film); tuttavia racconta la sua vita, svelando altri dettagli della vicenda della protagonista. Si scopre così che, alla base del suo dramma, c'è il fatto che lei ha tradito il suo compagno, restando incinta dell'amante. Scoperto l'inganno, l'uomo se n'è andato, lasciandola sola. La protagonista si sente una prostituta, e si immedesima in una prostituta. Si immagina in una stanza o per la strada, insieme ad altre prostitute – che altro non sono che allucinazioni della sua mente psicotica. Come lei, anche Sue si ritrova per la strada e dice "Sono una puttana", prima di finire assassinata.

Il cuore del dramma di Sue sembra essere un aborto. Il tema riverbera in modo subliminale in tutto il film, ma diventa esplicito solo alla fine, quando Sue dice a Mr K: "Quello che seguì alla morte di mio figlio fu un periodo piuttosto brutto. Quando guardavo le cose che erano attorno a me e io che stavo lì nel mezzo... le guardavo come nel buio di un teatro prima che la scena si illumini".

Che queste affermazioni siano particolarmente importanti lo dimostra il fatto che, poco dopo, Nikki si trova proprio in quella situazione, nel buio di un teatro, a vedere se stessa nel film di cui è protagonista, e in particolare proprio in quella circostanza, ascoltando quella specifica frase: "Quello che seguì la morte di mio figlio...". Da qui, da questa ammissione, comincia però anche il riscatto. Nikki si inoltra nei corridoi dell'edificio, con un cortocircuito geografico-spaziale entra nella camera da letto della casa di Smithy, nel cassetto sotto la già citata lampada trova una pistola e la usa per uccidere il Fantasma. Una luce invade lo spazio, il volto del Fantasma – sorpresa – è sovrastato da quello della donna... Il Fantasma ormai è sconfitto, la luce ha vinto sull'oscurità e Nikki abbraccia la Lost Girl, che finalmente ha smesso di piangere. Come in una fiaba, tramite Nikki e Sue la ragazza è riuscita a superare tutte le prove di fronte alle quali si è trovata: ha fatto i conti con se stessa ed è felice. Ora si può riconciliare con il compagno e con suo figlio, che nei titoli di coda è definito "figlio di Smithy" (e qui il gioco delle identità potrebbe ricominciare).

Vite parallele. Una spiegazione unica non c'è. *Inland Empire* è, inevitabilmente, il film di Lynch con il numero maggiore di interpretazioni. Alcuni lo leggono alla luce della concezione orientale della vita, basata sui cicli delle reincarnazioni. Da questo punto di vista, i vari personaggi erediterebbero, nelle epoche successive, le colpe delle generazioni precedenti. Questo sarebbe, dunque, il senso del "debito da pagare", un debito "karmico" che ricorre insistentemente nel film. Una lettura di questo tipo è possibile, ma estremamente scivolosa. Rischierebbe perfino di risultare riduttiva, se spostasse l'attenzione dalla profondità psicologica della protagonista, che invece è forse l'elemento di maggior valore del film.

Composizione di idee. Un modo ancora migliore di vederla consiste nel pensare *Inland Empire* non come una storia tradizionale, ma come una composizione di idee cinematografiche (*v. capitolo seguente*) artisticamente ed emotivamente (se non razionalmente) coerenti. Una sorta di opera d'arte, che può trovare spiegazione completa solo nel mondo interiore dell'autore.

Il finale. Nelle scene finali, quando scorrono i titoli di coda, c'è una riunione di personaggi alla quale segue il ballo conclusivo. Tra i presenti – di cui s'era parlato ma che non si erano ancora visti – ci sono Niko e la sorella del Fantasma, con una gamba di legno. Oltre a Camilla Rhodes di *Mulholland Drive* e a una simpatica scimmietta.

Che cosa vuol dire la scritta "*Axxon N.*"? Questo nome compare più volte, scritto sui muri. Proprio all'inizio, prima ancora che si vedano i personaggi, c'è un disco che gira e una voce che recita: "*Axxon N.*, la più longeva trasmissione radiofonica della storia, stasera, in onda dalle regioni del Baltico, primo giorno d'inverno in un vecchio hotel". *Axxon N.* è un progetto che Lynch aveva in mente e che non è mai stato realizzato; ma che, come *Rabbits*, è confluito in questo film.

Una nota sui numeri. Nel finale, dopo aver ucciso il Fantasma, Nikki/Sue entra nella stanza 47 (come il titolo del film polacco-tedesco di cui si parla all'inizio) e incontra la Lost Girl. Poco dopo, la Lost Girl esce, ma la stanza è diventata la 205. Questo numero, curiosamente, in un certo senso chiude il cerchio con le stanze 25, 26 e 206 che compaiono in *Strade perdute*.

Che cosa è avvenuto alle 9:45? E dopo la mezzanotte? Questi orari vengono citati per la prima volta nella profezia della vicina di casa di Nikki, che dice: "Suppongo che se fossero le 9:45... io direi che era dopo la mezzanotte...". Il primo orario compare in Polonia, quando la protagonista è picchiata dal Fantasma. È un momento drammatico: la donna, presumibilmente colpevole di tradimento, urla ed è sporca di rossetto tutto intorno alla bocca, come Laura Palmer in punto di morte in *Fuoco cammina con me*. Subito dopo c'è una scena girata per strada in cui risulta che sono le 9:45. La mezzanotte passata, invece, è citata alla fine della storia. È l'orario in cui avviene la seduta spiritica, e anche quello in cui Sue trova la pistola e spara al Fantasma.

Tornando a *Twin Peaks*. A prima vista *Inland Empire* e *Twin Peaks* non hanno nulla a che vedere l'uno con l'altro. D'altra parte sono molto diversi anche tecnicamente: *Inland Empire* ha la particolarità di essere stato girato interamente in digitale. Ma, a ben guardare, qualche somiglianza c'è. A cominciare dalle luci che ballano (*v. Appendice*), l'elettricità, i contrasti luminosi, le tende rosse. Per non parlare del Fantasma, che come Bob ha il potere di influenzare le persone e spingerle a compiere delitti. Come Bob, inoltre, il Fantasma/Crimp è il demone della porta accanto, che Sue si ritrova come vicino in seguito alle rivelazioni della donna definita Visitor 2 (Mary Steenburgen).

D'altra parte, le due "visitatrici", Visitor 1 (la vicina di Nikki) e Visitor 2, svolgono nel film un ruolo analogo a quello dei Tremont/Chalfont in *Fuoco cammina con me*, che fanno aprire gli occhi a Laura sulla vera natura di Bob. Come in *Twin Peaks*, inoltre, anche in *Inland Empire* c'è tutto un Olimpo di personaggi di natura apparentemente ultraterrena: Janek, Marek e altri che tentano di ostacolare il Fantasma, per esempio, si possono paragonare a Mike, al Gigante e ad altri che si oppongono a Bob.

Per finire, in *Inland Empire*, così come nelle logge di *Twin Peaks*, è presente il tema del doppio (a un certo punto compare anche un *doppelgänger* di Sue), il tempo non scorre in maniera lineare e lo spazio è fluido, spesso indeterminato. In entrambi i mondi, le vicende si susseguono più per associazioni di idee e impulsi emotivi, che secondo i canoni razionali dei rapporti di causa ed effetto. In fondo non c'è da stupirsi: è così che funziona la nostra mente.

Tra le stelle di Hollywood. Particolarmente forti sono i legami di *Inland Empire* con *Mulholland Drive*. La scritta "Hollywood" sulle colline di Los Angeles, per esempio, compare in entrambi i film, così come i Paramount Studios. È in comune anche la presenza dell'attore Justin Theroux, che in *Mulholland Drive* ha il ruolo del regista Adam Kesher (del film *Sylvia North Story*) e in *Inland Empire* quello dell'attore Devon Berk (nel film *On High in Blue Tomorrows*).

C'è poi una scena significativa, in *Inland Empire*, che ha diversi paralleli con altri film, ed è quando Sue – colpita all'addome – muore. È sulla Walk of Fame di Los Angeles, nei pressi dell'angolo tra Vine street e Hollywood boulevard, ai piedi di una saracinesca. C'è una nera che parla con una ragazzina asiatica. Discutono in modo surreale di Pomona, una città a Est di Los Angeles, ai confini con l'Inland Empire, citata anche in *Sunset Boulevard*. A un certo punto la ragazzina parla della sua amica Niko (come Nikki) che vive lì. Dice che ha una parrucca bionda (come Rita in *Mulholland Drive*, ma anche Nikki e Sue sono bionde), è drogata (Nikki e Sue sono in uno stato alterato di coscienza) ed è una prostituta (come Sue). Dice anche che Niko è bella e perfino le ragazze si innamorano di lei (come Camilla Rhodes in *Mulholland Drive*). Lei manda baci e risate (ancora come Camilla) ma ha un buco nella parete della vagina (come Sue, che è stata appena ferita con un cacciavite) e sa che il suo tempo è scaduto.

A questo punto Sue vomita sangue e si accinge a morire. La donna nera l'aiuta nel trapasso (come fa Cooper con Leland Palmer in *Twin Peaks*): prende un accendino, lo accende e glielo mette davanti agli occhi, mentre con l'altra mano le tiene la testa. "Ti faccio vedere la luce", dice la donna, con parole che fanno pensare a *Twin Peaks* e a *The Elephant Man*. "Brilla luminosa per sempre. Niente più buio domani. Ora sei tra le stelle".

Percorso cinematografico consigliato

- *Sunset Boulevard* (1950)
  Sono molti i richiami al film, tra cui una frase recitata dalla Lost Girl mentre guarda la tv: la stessa, in polacco, che pronuncia Norma Desmond in *Sunset Boulevard*, mentre guarda un vecchio film recitato da lei stessa. La frase è: "Cast out this wicked dream which has seized my heart".

- *8½* (1963)
  Come in questo film di Fellini (ma anche nell'*Intervista*), uno dei temi principali di *Inland Empire* è il processo di produzione cinematografica.

- *L'ora del lupo* (1968)
  Il nucleo di questo film è la frammentazione della personalità, un tema presente anche in *Inland Empire*.

- *Eraserhead* (1977)
  L'ultimo film di Lynch è per certi aspetti simile al primo, a partire dalle tematiche che affronta: il sesso, il tradimento, la maternità, l'aborto o infanticidio.

- *Strade perdute* (1997) e *Mulholland Drive* (2001)
  Gli ultimi tre film hanno in comune soprattutto il linguaggio cinematografico: tutti i personaggi, pur avendo una propria individualità, in alcuni momenti-chiave rispondono più alle emozioni del protagonista che alla propria.

CAPITOLO 12. OGNI COSA È COLLEGATA

Arrivati a questo punto, non resta che tirare le somme. Quello che vorrei mettere in evidenza in queste ultime righe è soprattutto una cosa, e cioè come Lynch, nella sua vita, più che comporre tanti singoli film, ha realizzato un'unica grande opera, che è sostanzialmente – da buon artista qual è – la messa in scena del suo mondo interiore. Possiamo considerare i film di Lynch come costituiti da idee, delle quali lui stesso parla insistentemente e alle quali cerca dichiaratamente di mantenersi fedele. Molte di queste, come abbiamo visto (l'analisi continua brevemente nell'Appendice), sono ricorrenti, e hanno forti agganci con la storia del cinema e con la vita del regista. Questo certamente è vero anche per altri registi, da Bergman a Fellini, per citarne solo due tra i preferiti dello stesso Lynch. Ma il regista di Missoula ha spinto questo aspetto fino all'estremo, con una coerenza sorprendente. L'insieme delle sue idee cinematografiche e delle relazioni tra loro assume una dimensione e un'organicità tale da farlo considerare un'opera a sé: potremmo dire che il totale è maggiore della somma delle parti. Con un'ulteriore metafora, potremmo paragonare un singolo film alla punta di un iceberg, il ghiaccio che affiora in superficie, mentre la grande massa è sommersa, nascosta sotto il livello del mare.

L'importanza delle idee. Proviamo a sostanziare quanto detto con qualche osservazione, a cominciare da quello che ha detto lo stesso Lynch: "Le idee sono simili a pesci, se vuoi prendere un pesce piccolo puoi restare nell'acqua bassa. Se invece vuoi prendere il pesce grosso, devi scendere in profondità", "L'idea è tutto. Non tradirla e ti dirà tutto ciò che c'è da sapere", "Le idee sono quanto di meglio ci sia in circolazione", "Le idee sono molto potenti e di alcune ti innamori", "Bisogna essere fedeli alle proprie idee, perché sono ancora più grandi di quanto uno pensi inizialmente"...

Queste frasi danno subito la percezione di quanto sia importante questo argomento per Lynch. Per essere più concreti, le idee di cui si parla sono quelle messe in evidenza in tutto il libro: il fuoco come simbolo di passione incontrollata, l'elettricità come modalità di manifestazione del sovrannaturale, l'oscurità sinonimo del male, la luce come essenza del bene, i mucchietti di terra, i dischi che girano a vuoto, i dettagli anatomici, il deforme, il sogno, i cieli stellati. Nel caso di *Eraserhead*, l'idea iniziale è stata quella di una fabbrica che usa la materia cerebrale di una persona per fare quei gommini che stanno attaccati sulla parte posteriore delle matite: un'immagine che compare a un certo punto nel film. Nel caso di *Velluto blu*, "sul primo tassello c'erano labbra rosse, prati verdi e la canzone *Blue Velvet* interpretata da Bobby Vinton; poi un orecchio in un campo: tutto qui", ha affermato lo stesso Lynch nel suo già citato libro *In acque profonde*. Naturalmente questi sono solo spunti iniziali. Poi il regista ha detto di costruire i suoi film idea dopo idea, focalizzandosi su quelle che funzionano e lasciando aperta la strada all'improvvisazione. Bob, il malvagio di *Twin Peaks*, per fare solo un esempio, non era presente nella concezione iniziale della serie tv. L'idea è venuta dopo, durante le riprese dell'episodio pilota, quando Lynch notò un tecnico di nome Frank Silva e decise di tagliargli il ruolo su misura: era perfetto per quello. Questo anche per dire che Lynch è il contrario del tipo che pianifica tutto (se qualcuno lo avesse pensato, non si sa mai).

Nel campo unificato. A questo proposito è significativo ricordare la genesi di *Inland Empire*, che Lynch nel 2006 ha raccontato così: "Un giorno, ancora ai primissimi stadi della lavorazione, parlando con Laura Dern venni a sapere che il suo attuale marito, Ben Harper, proviene dall'Inland Empire, la regione che circonda Los Angeles. Buttò lì la cosa, tra una chiacchiera e l'altra. Non so quando saltò fuori, ma dissi 'Ecco il titolo del film'. All'epoca non ne sapevo ancora nulla, del film. Volevo però intitolarlo *Inland Empire*". E ancora: "Il film venne girato tutto in digitale, quindi il grado di flessibilità e di controllo sulle riprese fu sorprendente. Oltretutto non avevo una sceneggiatura. Scrissi il film scena per scena, senza avere la minima idea di dove sarebbe andato a parare. Un bel rischio, ma avevo la sensazione che, facendo tutto parte di un campo unificato, in qualche modo l'idea *x* si sarebbe collegata all'idea *y*". L'idea di campo unificato, tuttavia, non ha fondamento scientifico nel senso che gli dà Lynch; cioè esiste come idea mai compiutamente realizzata nell'ambito della fisica teorica, senza alcuna relazione immaginabile con l'attività del nostro cervello. Lynch, invece, per campo unificato sembra intendere il livello più profondo della coscienza, che avrebbe una risonanza olistica e universale (una sorta di sé cosmico, secondo una concezione tipicamente orientale). Tornando a *Inland Empire*, ci sembra di poter dire, con un linguaggio meno metafisico, che il regista ha sviluppato alcune idee che riteneva artisticamente interessanti e le ha collegate tra loro scavando nel suo subconscio, quindi in forma non necessariamente razionale, tuttavia coerente all'interno del suo mondo interiore.

Un'opera unica. Dunque alla base di tutto ci sono le idee, alle quali il regista dichiaratamente cerca di "mantenersi fedele". Non c'è da stupirsi, allora, che questi "atomi di pensiero" tornino sistematicamente nei vari film, facendo in modo che la produzione cinematografica del nostro acquisti una tale unità da far sì che la si possa considerare un'opera unica. D'altra parte, le stesse dichiarazioni di Lynch avvalorano questa tesi. A proposito dei suoi primi tre film – *Eraserhead, The Elephant Man* e *Dune* –, per esempio, il regista ha detto: "C'è una sorta di filo che li collega. Macchinari e ingranaggi sono predominanti in ognuno di quei film. A me piace la gente che lavora nelle fabbriche, l'acciaio, i chiodi, i bulloni, le chiavi inglesi, l'olio e il fumo". E in un'altra occasione: "Ci sono molti elementi di *The Alphabet* [il suo primo corto, *nda*] che ritornano di continuo. E anche di *The Grandmother*. Forse non si fa altro che riprendere la stessa cosa"; e ancora, "*Eraserhead* in un certo senso assomiglia a *Ronnie Rocket*". D'altra parte, come abbiamo visto, molte idee di *Ronnie Rocket* sono confluite in *Velluto blu* e *Twin Peaks*, ma anche in *Strade perdute* e *Mulholland Drive*. Il film irrealizzato di Lynch, insomma, sembrerebbe quello che più di tutti accomuna gli altri, come un collante, o un fantasma, che li tiene insieme.

Strade perdute, Mulholland Drive e *Inland Empire* (che include anche idee di *Rabbits* e *Axxon N.*) formano un gruppo a sé. Qui entrano in gioco le storie parallele, il sogno, il delirio, per cui la distinzione tra immaginazione e realtà sfuma sempre di più. D'altra parte proprio questi tre film, e in particolare l'ultimo, *Inland Empire*, per molti aspetti sono quelli che maggiormente ci riportano al primo. Dunque il cerchio si chiude, con i soliti temi che appaiono ovunque: la dualità bionda/bruna, i riferimenti a *Sunset Boulevard* o a Fellini, le tenebre come sinonimo di male, la luce come salvezza dopo la morte. Nella poetica di Lynch sono sempre attuali le parole che accompagnano l'ultimo sonno di John Merrick in *The Elephant Man*: "Niente morirà mai. L'acqua scorre. Il vento soffia. La nuvola fugge. Il cuore batte... Niente muore".

APPENDICE – TWIN PEAKS –
Alcune idee ricorrenti nel cinema di Lynch

Dall'elettricità alle tende rosse, dai giradischi ai telefoni, ecco un elenco di idee che si ritrovano disseminate in *Twin Peaks*, e che sono ricorrenti in altri film di David Lynch. Si è cercato di includere qui ciò di cui non si è parlato in precedenza, o alcuni aspetti che meritavano un approfondimento, evitando di allungare eccessivamente il già corposo capitolo dedicato al prequel e alla serie tv. Questo esercizio ci permette di comprendere come i film di Lynch siano interconnessi tra loro (e ad altri film, nonché alla vita del regista) da una serie fenomenale di relazioni. Se si raffigurassero con un grafico, darebbero origine a una ragnatela fittissima di nodi e fili.

• Ambientazione. Come *Velluto blu*, la serie è ambientata in un mix atemporale di anni '50, '60, '70 e '80, che riflette il mondo interiore di Lynch.

• Marilyn Monroe. All'inizio del secondo episodio l'agente Cooper dice (a Diane): "Ci sono ancora due cose che mi preoccupano [...] Quali rapporti c'erano tra Marilyn Monroe e i Kennedy? Chi ha premuto il grilletto contro il presidente?". Questo è un riferimento al film su Marilyn Monroe (mai realizzato) che aveva in ballo con Mark Frost.

• Ronnie Rocket. Le iniziali di Ronnie Rocket danno il nome al "Double R" (RR) Diner, il caffè di Twin Peaks.

• Elettricità. Altra idea proveniente da *Ronnie Rocket*. La luce che va e viene sul cadavere di Laura Palmer durante l'esame di Cooper, nell'episodio pilota, indica "qualcosa che non va", la presenza o il recente passaggio di entità oscure. Situazioni analoghe si ritrovano in *Fuoco cammina con me* e in molte altre circostanze nel corso della serie. Anche il Nano nella Stanza rossa parla di elettricità, un'idea che torna in altri film come *Eraserhead*, *Velluto blu* e *Mulholland Drive*. In *Twin Peaks*, le linee elettriche sono passaggi per i personaggi provenienti dal mondo ultraterreno. L'immagine ricorre più volte in *Fuoco cammina con me*, a cominciare dal parcheggio della roulotte di Teresa Banks a Deer Madow. E più volte si sente associato al ronzio caratteristico delle linee il verso "dell'indiano" che il Nano fa a Cooper durante il sogno di Laura. Anche Bob passa attraverso i fili elettrici: "Chi sei? Da dove vieni?", dice infatti Laura guardando l'elettricità che si sta sviluppando sulla sua testa, subito dopo aver visto in sogno l'anello, in *Fuoco cammina con me*.

• Televisore disturbato con lo schermo senza immagine, pieno di rumore elettrico. Un'idea simile alla precedente, che si ritrova soprattutto in *Fuoco cammina con me* e *Velluto blu*, ma anche in *Strade perdute* e *Inland Empire*. Per Lynch, di solito questa immagine è associata a un omicidio.

• Mucchietto di terra. Un'idea che piaceva a Lynch e che compare nei suoi primi film. I mucchietti di terra si vedono anche in *Twin Peaks*. Ce n'è uno nel treno, il luogo del delitto, sul quale era stato posato il ciondolo di Laura con il cuore spezzato a metà (Episodio pilota). Ne compare un altro nel sogno di Cooper (Episodio 2) e un altro ancora in *Fuoco cammina con me*, sul quale l'agente Desmond trova l'anello di Teresa Banks a Deer Meadow. Apparentemente non c'è un motivo specifico per cui Lynch ha usato questi mucchietti di terra: il regista ha dichiarato che, semplicemente, ne è sempre stato affascinato e che li realizzava anche in casa sua.

• Tende rosse. Hanno una radice antica e profonda nel mondo di Lynch. È stato suggerito che l'idea potesse risalire al vecchio progetto su Marilyn Monroe (bionda e relativamente simile nell'aspetto a Laura Palmer), in particolare a un'immagine iconica dell'attrice con uno sfondo di velluto rosso. Ma le tende si trovano già in *Eraserhead* e in *The Elephant Man*. In *Twin Peaks* compaiono in varie circostanze, ma particolarmente significative sono quelle della Stanza rossa/Loggia nera.

• Fuoco. Questo è un simbolo, un tema, onnipresente in *Twin Peaks* e non solo (anche in *Velluto blu*, *Cuore selvaggio*, *Una storia vera* e *Strade perdute*). Ricordiamo alcune ricorrenze, a partire dal ritornello magico: "Nell'oscurità di un futuro passato / il mago desidera vedere / Non esiste che un'opportunità tra questo mondo e l'altro / Fuoco cammina con me" (recitato per la prima volta interamente da Mike nel sogno di Cooper nell'Episodio 2 e richiamato innumerevoli volte nel corso della serie, per esempio lo recita Bob per intero prima di abbandonare il corpo di Leland nell'Episodio 16). Poi ci sono l'incendio alla segheria e il fuoco nella foresta che ha ucciso il marito della Signora con il Ceppo. Per non parlare del fatto che Bob adescava le sue vittime chiedendo loro di giocare con il fuoco.

• Giradischi che gira a vuoto. Indica un loop mentale patologico o qualcosa di simile. Un simbolo presente in *Meshes of the Afternoon* di Maya Deren, *Eraserhead* e *Inland Empire*. In *Twin Peaks* compare nell'Episodio 2, quando Leland si mette a ballare con la foto di Laura; nell'Episodio 4, quando Cooper e gli altri entrano nel rifugio dove Laura era stata con Leo, Ronette e Jacques Renault il giorno della sua morte; compare ancora in occasione dell'omicidio di Maddy, nonché di quello tentato ai danni di Donna, e quando lo sceriffo Truman perde il senno, in seguito alla morte dell'amata Josie.

• Altre rotazioni patologiche. Sempre nell'Episodio 2, la danza di Leland con la foto della figlia (qui, con il telefono che squilla e le urla dell'uomo, c'è un'atmosfera patologicamente orgiastica). E poi con Maddy e Donna. C'è anche il ventilatore in azione, in casa Palmer, simbolo della presenza di Bob. Qualcosa del genere avviene in un paio di film di Herzog (*Ballata di Stroszek* e *Anche i nani hanno cominciato da piccoli, v. Capitolo* 2) in cui i protagonisti - in situazioni patologiche, quando la vicenda sta ormai precipitando - si ritrovano a far muovere alcuni automezzi in traiettorie circolari.

• Sangue/rossetto sul volto. Altra immagine frequente, che compare anche in *Velluto blu, Cuore selvaggio* e *Inland Empire*. In *Twin Peaks* si vede quando Leland sparge il sangue della moglie (che si era tagliata) sulla foto di Laura. Quando il sangue di Blackie rimane sulla bocca di Jean Renault, che la uccide mentre la bacia nell'Episodio 12. Il rossetto, invece, deforma la bocca di Laura in punto di morte (*Fuoco cammina con me*), e come lei Ronette Pulaski, Jacques Renault e Leo Johnson.

• Flash e torce. La scena in cui Laura muore è illuminata dalla luce traballante di una torcia, che a volte, complice il montaggio, ha l'effetto di un flash. Anche in *Inland Empire* compare una scena simile, che è illuminata da flash: quando la ragazza polacca (con il rossetto che le macchia la bocca) viene picchiata dal Fantasma.

Sempre in *Inland Empire*, nel momento in cui si manifesta la frammentazione della personalità di Sue, la luce di una torcia è usata per illuminare lei e le ragazze nel buio di una stanza. E un effetto simile fanno le luci che illuminano dall'interno la casa di Fred, quando si manifesta la sua follia, in *Strade perdute*.

• Telefono. Un altro simbolo importante, come in *Meshes of the Afternoon*, *Cuore selvaggio*, *Strade perdute* e *Mulholland Drive*.

• Doppio. Tutto sembra avere un doppio, nella tranquilla cittadina. A partire dal nome ("picchi gemelli") e dal fatto che il paese stesso ha un doppio volto: un'apparenza tranquilla e un sottobosco in cui ne succedono di tutti i colori. La stessa cittadina ha un doppio: Deer Meadow, che è tutta il contrario di Twin Peaks, cioè abitata da cittadini antipatici e poco collaborativi (in *Fuoco cammina con me*). Cooper ha una sorta di doppio in Windom Earle, che per tanti aspetti è un anti-Cooper. Così come Laura Palmer ha un doppio in Maddie (che sono anche bionda e bruna, un doppio femminile come in *Vertigo* di Hitchcock, *Persona* e *Il silenzio* di Bergman, nonché in *Mulholland Drive*). Per non parlare della Loggia nera, dove si annidano i *doppelgänger*, cioè gli esseri ombra di cui ne esiste uno per ogni persona.

• Caduta. Un'idea che si ritrova in *Velluto blu*. In *Fuoco cammina con me*, Donna dice a Laura: "Se adesso tu finissi alla deriva nello spazio, pensi che ti fermeresti dopo un po' o cadresti sempre più veloce?". E Laura risponde: "Sempre più veloce, e prenderei fuoco". Le due ragazze, tra l'altro, sono riprese con un'inquadratura dall'alto che ricorda il volo iniziale, con successiva caduta, di *8½* di Fellini.

• Conseguenze. Nell'Episodio 23, Andrew dice all'ex moglie Josie: "Ogni azione comporta delle conseguenze". Quest'idea è uno dei mantra di *Inland Empire*, ma è un'idea implicitamente importante anche per *Eraserhead*, *Cuore selvaggio* e *Mulholland Drive*.

• Nani pestiferi. La scritta "Let's rock" sulla macchina dell'agente Desmond sparito, nel parcheggio di roulotte (*Fuoco cammina con me*), ricorda i nani di Herzog (*Anche i nani hanno cominciato da piccoli*). Ed è anche l'espressione usata dal Nano nel sogno di Cooper, nell'Episodio 2.

• Incubi a letto. In un episodio della serie, Ronette Pulaski ha un incubo nel suo letto di ospedale. La scena ne richiama altre due girate in precedenza da Lynch: la prima nel corto *The Alphabet*, la seconda in *Eraserhead*, in cui (in un sogno) è la fidanzata di Henry a muoversi nel letto, intrappolata nelle lenzuola come in una camicia di forza.

• Numero 12. Laura dice che Bob abusa di lei fin da quando aveva 12 anni. Nel sogno di Cooper (e non solo) si vedono 12 candele accese attorno a un mucchietto di terra. Nell'ultimo episodio, ci sono 12 trote arcobaleno nella macchina di Pete rubata da Windom Earle e 12 sicomori disposti in cerchio, che costituiscono l'ingresso alla Loggia nera. Il 12 si ritrova anche in *Mulholland Drive*: è il numero dell'appartamento in cui viveva Diane (prima di spostarsi al 17); mentre l'indirizzo della zia, dove Betty si reca in sogno, è situato in 1612 (Betty lo pronuncia 16 12) Havenhurst Drive.

• Mano aperta. Quando Laura muore, apre la mano (*Fuoco cammina con me*). La mano aperta, associata all'anello del potere del duca, appare anche in *Dune*. Come indice di orgasmo raggiunto, invece, il simbolo si ritrova in *Cuore selvaggio*.

• Televisione nella televisione. In *Twin Peaks*, i personaggi seguono la serie tv *Invito all'amore*. Personaggi che guardano la tv compaiono anche in *Velluto blu* e *Inland Empire*.

• Messaggio su audiocassetta. La registrazione di Maddy nei panni di Laura, per ingannare il dottor Jacoby nell'Episodio 6, così come quelle di Audrey per ricattare il padre (Episodio 12) ricordano *Strade perdute*, in cui il tema della videocassetta è presente fin dall'inizio.

• Tempo che scorre al contrario. Una situazione di questo tipo, tipica delle sperimentazioni dei surrealisti, avviene nell'ultimo episodio, quando Cooper viene pugnalato da Windom Earle nella Loggia nera. Altri esempi si possono trovare in *Strade perdute* (la capanna che si ricompone da un incendio) e *At Land* di Maya Deren (le onde del mare che si srotolano al contrario sulla battigia). Anche le scene nella Loggia nera sono state registrate con gli attori che si muovevano e parlavano al contrario... poi sono state proiettate all'inverso, in modo da ripristinare l'ordine temporale ma generando un effetto estraniante: un'idea che Lynch aveva concepito negli anni di *Eraserhead*.

• Paura. Dopo essere stato colpito da tre colpi di pistola (si scoprirà che la colpevole è Josie), Cooper steso a terra dice: "Niente è brutto se riesci a buttare la paura dalla tua mente". Una situazione simile deve affrontare Paul Atreides in *Dune*, per superare la "prova del dolore" con la Reverenda madre delle Bene Gesserit (che si rivelerà essere un'esperienza terribile ma puramente mentale).

• Tronchi. I tronchi trasportati dai camion, che compaiono ovunque in *Twin Peaks* così come in *Velluto blu*, sono un ricordo d'infanzia di Lynch (in molti hanno voluto vederci un simbolo fallico). Visivamente sono simili alle matite ancora senza gomma e senza punta in *Eraserhead*.

• Schizofrenia. Nel film è legata all'idea (errata, dal punto di vista psichiatrico) dello sdoppiamento di personalità. Riguarda Leland/Bob, ma anche Mike (che ha un'identità umana come venditore di scarpe e prende un farmaco per questa malattia). L'idea compare anche nel primo episodio (interessante per le analogie con *Twin Peaks*) della miniserie *Hotel Room*: un uxoricida si trova con il suo io sdoppiato, insieme con una prostituta, in una stanza d'albergo dopo aver commesso il crimine.

• Pesci appesi al muro. Nella serie ne compaiono innumerevoli, ovunque. Ce n'era uno anche a casa della ragazza di Henry in *Eraserhead*.

• Dualismo realtà/rappresentazione. Durante il suo sogno, in *Fuoco cammina con me*, Laura a un certo punto apre la porta per uscire dalla sua camera da letto. In quel preciso istante guarda il quadro appeso alla parete e si vede lì dentro, nell'atto di fare lo stesso gesto (cioè aprire la porta). Un'idea che torna in *Inland Empire*, quando Nikki entra in un cinema e si vede sul grande schermo nell'atto di fare esattamente ciò che sta avvenendo in quel preciso momento.

• Sangue dal naso. Per Lynch il sangue che esce dal naso è spesso indice di tensione emotiva. In *Fuoco cammina con me* capita alla cameriera Heidi ed è un episodio non particolarmente significativo. Ma lo stesso disturbo colpisce Henry in *Eraserhead*, Sailor in *Cuore selvaggio*, il regista Adam Kesher in *Mulholland Drive* e, soprattutto, sia Fred sia Pete (i due personaggi "paralleli") in *Strade perdute*.

• Mix vita reale/fiction. C'è il solito tema del mix tra vita reale e fantasia, in cui confluiscono gli elementi autobiografici dell'artista (per esempio i riferimenti ai luoghi dell'infanzia di Lynch come Spokane) e gli attori. Importante da questo punto di vista soprattutto Kyle MacLachlan (Cooper), già attore di *Dune* e – soprattutto – di *Velluto blu*: è lui l'*alter ego* di Lynch, così come Mastroianni lo è di Fellini. Poi ci sono anche i vecchi amici di *Eraserhead*, Jack Nance (Pete Martell) e Catherine Coulson (la Signora del ceppo). E nei cast figurano perfino David Lynch e il figlio Austin, nei ruoli di Gordon Cole e Pierre Tremond rispettivamente. Austin, che ha preso il nome dal nonno del regista, tra l'altro compare nello stesso modo in cui era tipicamente vestito Lynch nella vita reale.

• Cielo stellato. Compare per esempio all'inizio dell'Episodio 20, quando il Maggiore Briggs racconta il suo viaggio nella Loggia bianca. I cieli stellati, nei quali il regista ama muovere la telecamera come se ci fosse dentro, spostandosi tra una stella e l'altra, compaiono in momenti particolarmente lirici dei suoi film. Come nel già citato finale di *The Elephant Man* e in quello di *Una storia vera*, quando i due vecchi fratelli si rivedono, dopo il lungo viaggio di Alvin sul suo tosaerba. In un momento di straordinaria poesia, in cui gli sguardi comunicano più delle parole, gli occhi dei due si cercano, si intrecciano, si commuovono. Poi si rivolgono verso l'alto, verso il cielo, verso le stelle.

Ringraziamenti

Questo libro nasce dalla passione e dall'incoraggiamento del caro amico Andrea Pasqua, che lo ha anche riletto con attenzione e mi ha fornito molti spunti di miglioramento. Ringrazio anche Marta Erba, per le appassionate discussioni durante le pause pranzo del martedì, e Ignazio Senatore per l'aiuto che mi ha concesso.

Cinema

1 Jean-Luc Douin, *Dizionario della censura nel cinema. Tutti i film tagliati dalle forbici del censore nella storia mondiale del grande schermo*

2 Massimo Donà, *Abitare la soglia. Cinema e filosofia*

3 Angelo Moscariello, *Breviario di estetica del cinema. Percorso teorico-critico dentro il linguaggio filmico da Lumière al cinema digitale*

4 Dziga Vertov, *L'occhio della rivoluzione. Scritti dal 1922 al 1942*

5 Enrico Biasin, Giovanna Maina, Federico Zecca (a cura di), *Il porno espanso. Dal cinema ai nuovi media*

6 Thomas E. Wartenberg, *Pensare sullo schermo. Cinema come filosofia*

7 Roland Quilliot, *La filosofia di Woody Allen*

8 Andrea Panzavolta, *Lo spettacolo delle ombre. Un itinerario tra cinema, filosofia e letteratura*

9 Francesco Ceraolo, *L'immagine cinematografica come forma della mediazione. Conversazione con Vittorio Storaro*

10 Luca Taddio (a cura di), *David Cronenberg. Un metodo pericoloso*

11 André Bazin, *Jean Renoir*

12 Andrea Rabbito, *Il cinema È sogno. Le nuove immagini e i principi della modernità*

13 Alessandra Spadino, *Pasolini e il cinema 'inconsumabile' Una prospettiva critica della modernità*

14 Raffaele De Berti, *Il volo del cinema. Miti moderni nell'Italia fascista*

15 Valentina Re, *Cominciare dalla fine*

16 Damiano Cantone, *I film pensano da soli*

17 Marco Senaldi, *Rapporto confidenziale. Percorsi tra cinema e arti visivee*

18 Marco Boscarol (a cura di), *Tetsuo: The Iron Man. Il cinema di Tsukamoto Shin'ya*

19 Luca Cosci, Monica Innocenti, *Abcinema: abbecedario della settima arte*

20 Andrea Panzavolta, *Passeggiate nomadi sul grande schermo. Saggi sul cinema da Ingmar Bergman a Tim Burton*

21 Francesco Zucconi, *La sopravvivenza delle immagini nel cinema. Archivio, montaggio, intermedialità*

22 Gianni Volpi, Alfredo Rossi e Jacopo Chessa (a cura di), *Barricate di carta. «Cinema&Film», «Ombre rosse», due riviste intorno al '68*

23 Cosetta Saba, *Archivio, Cinema, Arte*

24 Cristina Formenti, *Il mockumentary. La fiction si maschera da documentario*

25 Stefania Schibeci, Le Phénomène de l'extase *di Salvador Dalí. Surrealismo, fotografia, montaggio*

26 Roy Menarini (a cura di), *Cinema senza fine*

27 Ivelise Perniola, *L'era postdocumentaria*

28 Leonardo Gandini, *Voglio vedere il sangue*
29 Giancarlo Alviani, *Un'aspirina e un caffè con Bernardo Bertolucci*
30 Valentina Re, Alessandro Cinquegrani, *L'innesto. Realtà e finzioni da Matrix a 1Q84*
31 Alfredo Rossi, *Elio Petri e il cinema politico italiano. La piazza carnevalizzata.* Contiene lettere e scritti di Elio Petri. Interventi di Goffredo Fofi, Franco Ferrini e Oreste de Fornari
32 Christian Uva, *L'immagine politica. Forme del contropotere tra cinema, video e fotografia nell'Italia degli anni Settanta*
33 Sara Martin, *Streghe, Pagliacci, Mutanti. Il cinema di Álex de la Iglesia*
34 *34° Premio Sergio Amidei. Catalogo*
35 Alessandro Cadoni, *Il segno della contaminazione. Il film tra critica e letteratura in Pasolini*

MIMESIS GROUP
www.mimesis-group.com

MIMESIS INTERNATIONAL
www.mimesisinternational.com
info@mimesisinternational.com

MIMESIS EDIZIONI
www.mimesisedizioni.it
mimesis@mimesisedizioni.it

ÉDITIONS MIMÉSIS
www.editionsmimesis.fr
info@editionsmimesis.fr

MIMESIS COMMUNICATION
www.mim-c.net

MIMESIS EU
www.mim-eu.com

Finito di stampare
nel mese di novembre 2015
da Puntoweb - Ariccia (RM)